今夜、笑いの数を数えましょう

いとうせいこう presents

倉本美津留
ケラリーノ・サンドロヴィッチ
バカリズム
枡野浩一
宮沢章夫
きたろう

講談社

前口上

今から四十年ほど前、なぜかピン芸と呼ばれる一人芸を始めた私は、あちこちで舞台に立っておりました。とにかく新しい笑いが作りたくて過激なネタも多く、それをアパートの一室で友人に披露してはアドバイスをもらったりするうち、ひょんなことから賞品目当てで出たコンテストに優勝し、そこからメディアとの付きあいが開始されもしました。

当時は八〇年代でしたから、ニューアカデミズムという風が目はしの利く若者の間に吹き荒れていて、私もおかげで哲学書のようなものをひもときがちな学生となったのですが、そうした小難しい人文科学の一項目に「笑い」がありました。

私はいわば本から「笑い」を考えつつ、舞台で実際に身体的に「笑い」を追求する機会に恵まれたわけで、そんな状況からすると私のごときうら若い学生には歯がゆいことが多くありました。「笑い」に関する哲学的な思考のほとんどに納得がいかないのです。同時に舞台での具体的な体験が論理的に語られていたり、帰納的に体系化されていたりするわけでもない。

しかし、目の前の客はうまくやると確かに笑うのです。逆に自分がいけると思っていたネタが思いきりスベることも当然ある。また、あるネタがウケるということは、そこから派生したパターンでも人は笑うということになるのだけれど、このパターンってやつが微細に分類されるタイプのもので、なかなか言葉や数式になりにくい。

けれども、だからこそ言葉や数式にしてみたいと私は思いましたし、ただの神秘主義の中に大好きな「笑い」を置き去りにしたくもなかった。それで結局この年になるまで、折々に「笑い」の原則めいたものを抽出しては一人、部屋の中でそれをセリフに具象化し、様々な速さ強さで唇に乗せてみては効力を予想する人生とあいなりました。

本来そこで得たようなあれこれは人前で明かすのも野暮なのでありますが、そんな私もすっかり五十代後半。死ぬ前に一度は気になる人物と「笑い」の種類について話しあってみたい。そして自分が考えてきたことを伝えてみたらどうだろう、と考えるに至りました。

ただ、どうせだったら客前で、と考えたのが運の尽きであります。「今夜、共に笑いの数を数えましょう」と呼びかけた人々も私も、観客の前となると分析よりも現象を採りたくなる。つまり、「笑い」を。

そういうことでずいぶん脱線も多くありますが、そこは中心を目指したり逸れたりする「笑い」の運動の特徴でもございます。何はともあれ、読者の皆さまにはここに現れた会話をコミュニケーションの秘術開陳とでも受け取って楽しんでいただきつつ、私たちと共に笑いの数を数えていただけたらと切望する次第です。

ふだんあまり数えないものを数えることには純粋に喜びがあるかと存じます。私はその喜び自体を「笑い」の数に入れる派ですので、皆さまより必ずひとつ数を多くカウントしかねませんが、その皆さまは皆さまで私の気づかない「笑い」の種類を本書の中に数えるかもしれません。

ということで読後、なるべくたくさんの方々と「笑い」の数が合うといいのですが。

では、数えましょう。

いとうせいこう

目　次

今夜、笑いの数を数えましょう

第一夜

倉本美津留

倉本美津留
（くらもと・みつる）

放送作家。1959年生まれ。『ダウンタウンDX』『シャキーン！』『浦沢直樹の漫勉』『M-1グランプリ』ほか、数々のテレビ番組を手がける。ミュージシャンとしても活動中。

当たり前は当たり前じゃない

いとう　みなさん、こんばんは。「今夜、笑いの数を数えましょう」、今回が第一回目になります。ちょっとした素敵なバラエティ番組のタイトルみたいでしょ？

倉本　タイトルいいですねえ。何をするのかが明確な感じがしますね。

いとう　今日のゲストは放送作家の倉本美津留さんです。僕はずっと「くらもっちゃん」と呼んでるんですけど。

倉本　初めて会ったのが、たぶん十五年ぐらい前に僕が「ＥＸ大衆」で連載をしていた「笑いにリスペクト」（「倉本美津留のお笑い大好き対談！　笑いにリスペクト」）の最後のゲストにせいこうちゃんを呼んだんですよ。

いとう　そうだ、僕がラストゲストだった。

倉本　今回はその逆だね。

いとう　そう、ファーストゲストです。芸人の打ち上げの場とかであれば、いろいろお互いにダメ出しもするんだけど、それ以外の場でふだん現場の人間が笑いについて話すことって少ないよね。

倉本　たしかに芸人とは細かい話はするけれど、自分たちの中で分析してそれをちゃんと言葉にしていこうという気は全然ないかもしれない。だから、今日はどんな話になるのか楽しみです。

いとう　今日は五つぐらいは「**笑いの定義**」みたいなのを出せたらいいなって思っているんだけど、その本題に入る前に、倉本美津留という人は、どうして笑いに入ったの？

倉本　大阪で育ったこともあるんだろうけれど、小っちゃい時からモテるのは笑いを生み出せるヤツ、みたいな環境だったんです。僕はスポーツできない、勉強できない、男前でもないから、そこに突入するしかない。だから人と違うことを率先してやって、笑いを取ることばかりを考えていて、それが得意なんだろうなと思いつつ過ごしてきましたね。だけど、大阪なのに、ウチは吉本新喜劇を見たらダメな家だったんですよ。

いとう　わ、吉本見ると、怒られた系？

倉本　そうです。だから吉本には全然影響受けていなくて。

いとう　僕もドリフターズ禁止だったもん、東京なのに。

倉本　わかるわぁ、**ドリフターズ禁止っぽい！**　俺、吉本禁止っぽいでしょ？（笑）

いとう　禁止っぽい！（笑）だから自分でひねったヤツを作らざるを得なかったんだよね。

倉本　そうそう。大阪にいながらにして、クレージーキャッツ[1]の笑いが好きで、モンティ・パイソン[2]が出てきたら大好きになるし、っていうような流れですね。

いとう　じゃ、いちばん最初にどんな笑いを受容したの？

倉本　まず植木等でしょ、あとはスパイダース[3]ですよ。

いとう　マチャアキ（堺正章）さんと（井上）順さん、あの軽妙な掛け合いはすごいよね。『ゲバゲバ90分！』[4]は？

倉本　メチャメチャ好きでした！『ゲバゲバ』がもしかして一番影響受けてるかも。

いとう　ウチも『ゲバゲバ』は見てもOKだったんだよね。『ゲバゲバ』って番組を説明すると、九十分間すごい短いコントをやっていくんですよね。

倉本　どんどん矢継ぎ早に流れていって、合間にジングルやアニメがちょっと入る。あの世界観が大好きでした。

いとう　おもしろかったよねえ。だから俺たち似ちゃったのかな？

1　ハナ肇とクレージーキャッツ。ジャズミュージシャンとしてスタートしたコミックバンド。グループでの活動の他、植木等、ハナ肇、谷啓ら各メンバーは、俳優、コメディアン、歌手としてテレビや映画で活躍。

2　イギリスのコメディグループ。『空飛ぶモンティ・パイソン』が一九六九年にイギリスで放送開始。ナンセンスでブラックな笑いは今なお多くのファンから愛され、二〇一四年には三十年ぶりの再結成ライブをおこなった。

3　ザ・スパイダース。田辺昭知により結成されたグループサウンズ。メンバーに堺正章、井上順、かまやつひろしなどを擁し、「夕陽が泣いている」「あの時君は若かった」などのヒット曲の他、グループ主演に

倉本　かもしれない（笑）。

いとう　一方で僕は昼間に『デン助劇場』[5]っていう、言ってみれば東京の吉本新喜劇みたいな番組も見ていた。要するに浅草の笑いですよね。土曜日には必ずやっているんだけど、それはほんわかしたコメディなわけ。その番組に興味はあったんだけど、自分で笑いはしなかった。ところが『ゲバゲバ90分！』は、次から次へとなんだかワケのわからないものがカットインしてくる。なにより「速い」ってことで、『ゲバゲバ』のスピーディさに完璧にやられちゃった。しばらく覚えてたのは、萩本欽一[6]さん……欽ちゃんがヒットラーの格好をして、パチンコ屋の前にカツカツって来て「入れヒットラー！」とかって言うコント。

倉本　あったかも！

いとう　ある意味、政治的なものでもあるし、ファシズムをおちょくってもいるんだけど、最後はただのダジャレ。それでアニメが来ちゃうっていう形式の変化。すごかったね。

倉本　大阪で三年ぐらいショートコントばかり作る番組をやっていたんですけど、その時に『ゲバゲバ』を超えるためにどうしたらいいのか、日本人がモンティ・パイソン以上のことをするにはどうしたらいいのかを考えながら作っていました。その頃にいとうせいこうはラジカル（・ガジベリビンバ・シ

よる映画などでコミカルな一面も人気に。

4　『巨泉×前武ゲバゲバ90分！』。一九六九年から日本テレビ系で放送されたショートコントを軸にしたバラエティ番組。

5　浅草を中心に活躍したコメディアン大宮敏光、通称・デン助による一九五九年から放送された劇場中継番組。

6　坂上二郎との「コント55号」としての活躍のほか、七〇年代から八〇年代にかけて、数々のバラエティ番組をヒットさせ「視聴率一〇〇％男」の異名をとった。

ステム）ですから。自分が関わっていないのに、俺と同い年ぐらいのヤツがなんでここに関わっているんだって、くやしい思いをしながら見ていたんですよ。[7]

いとう　ラジカルが中島らもさんに呼ばれて大阪に行って、そこで公演しているんだけど、それをくらもっちゃんが観てるんだよね。[8]

倉本　せいこうちゃんが一人でドップラー効果のネタをやったのも生で観てる（笑）。ラジカルの『スチャダラ』を映像にしてくれたのをもらって見て、「うわー、なにこれ！　モンティ・パイソン、スネークマンショーの流れでこんなことしてるのか！」と、めちゃめちゃくやしかった。[9][10][11]

いとう　知らなかった、それ！

倉本　その時のくやしさがあって、松本（人志）と『寸止め海峡（仮題）』をやった時には、『寸止め』はアレを超えなアカンと思ってやってたのね。[12]

いとう　そうだったのか……。で、そもそも、くらもっちゃんはどういった経緯で放送作家になったの？

倉本　最初は大阪の中で吉本とか松竹とか、わりと芸能のど真ん中を作っている制作会社に入ってＡＤとして働きはじめるんだけど、その時に毎日放送の『島田紳助のヤングタウン』というラジオと笑福亭鶴瓶の『突然ガバチョ！』っていうテレビ番組の両方にＡＤでついたんです。それをやりなが[13]

7　宮沢章夫、シティボーイズ、竹中直人、中村ゆうじ、いとうせいこうらによって結成された演劇ユニット。先鋭的な笑い、スタイリッシュなステージは演劇界、お笑い界を席巻し、倉本のみならず、ケラリーノ・サンドロヴィッチ、松尾スズキらにも影響を与えた。

8　作家、コピーライター、ミュージシャンなど幅広く活躍。「笑殺軍団リリパット・アーミー」を結成し、演劇活動もおこなった。『今夜、すべてのバーで』『ガダラの豚』など多数の著作を遺し、二〇〇四年に五十二歳の若さで急逝。

9　ピン芸人としても活躍していた、いとうの代表的なレパートリー。「酔っ払いがゲロを吐きながら」「国技館」などが異常な速ら途中で作家になったんだけど、「放送作家になりなよ」って最初に言ってくれたのは中野裕之[14]さんなの。

いとう　え、そうなの!?　中野さんは今では映画監督として有名だけど、あの天才が当時の日本のニューウェーブなお笑いに関わっていた事実ってあまり語られないよね。あの人でなきゃできない世界を大阪でやってた。

倉本　その頃、中野さんはよみうりテレビのディレクターだったんですけど、上司から「倉本、ちょっと届けもんがあんねん。中野裕之ってヤツがいるから、そこに持ってけ」とお使いに出された。僕は中野さんが作った『どんぶり５６５６』[15]がオンエアされた時、ギリギリ素人で見ていて、「一番好きな番組のディレクターや!」って思ったんですよ。

いとう　とにかく画がキレイ!　異常な画角で撮る。

倉本　そうそう、テレビなのに(笑)。

いとう　天才ディレクターだよね。

倉本　荷物を届けに行った時に、中野さんがオフライン室って狭いところで、ちょうど『どんぶり』の特番の編集をしていたんです。その時に変なシーンがあったんですよ。「今の何がおもしろいかわかる?」って急に聞かれて、「こうこう、こうですよね」と答えたら、「あっ、キミわかるんだ」って言ってもらった。そのシーンに出ていたのが、いとうせいこうだった。「こ

さで走ってくるさまをドップラー効果で表現。

10　『スチャダラ』は一九八六年に東京・草月ホールで上演。「スチャラカ」と「スーダラ」を掛け合わせた造語で、「スチャダラパー」のグループ名は、この公演タイトルに由来している。

11　桑原茂一、小林克也、伊武雅刀によるコントユニット。一九七六年からラジオ番組をスタートさせ、ＹＭＯのアルバム『増殖』（一九八〇年）の曲間にはさまれたスケッチ群で一躍人気を博す。

12　一九九四年に上演された松本人志による入場料一万円のコントライブ。倉本は構成・演出として参加。

13　一九八二年から毎日放送ほかで放送された笑福亭鶴瓶司会による関西ローカルのバラエティ番組。テレ

いつ知ってる?」「全然知らない」って言ったけど。

いとう　知るはずないよ、俺まだ、ただの学生だもん!（笑）

倉本　「こいつねえ、竹中（直人）[16]よりおもしろいかもしれない」って中野さんが言ったんですよ。僕は竹中さんが大好きで、竹中さんを最高だと思っていた人間だから「竹中直人よりおもしろいわけない!」と思って見たのを覚えてる（笑）。

いとう　中野さんがどういう人かというと、人が飛び降りるときの視点の映像を撮りたいからって、ビルの屋上から何百万円もするカメラを落としちゃったって伝説のある人です。それでよみうりテレビがカンカンになったっていう。結局、カメラがガシャガシャに壊れて何も写ってなかったんだけどね（笑）。

倉本　そんなことも含めて、よみうりテレビを早めに辞めたんですよね。辞めさせられたのかもしれないけど（笑）。それでテレビ局を辞めた中野さんが変なラジオを始めるんです。そこで僕は会社に内緒で名前変えて作家で入った。

いとう　あの頃、中野さんはまだ学生だった僕のアパートに泊まりに来たりしてたんですよ、いとう君がおもしろいからとか言って、最新音楽のテープ持ってきたり。それはともかくとして、ダウンタウンと出会うのは作家に

ビにらめっこ、つるベタクシーなどの人気コーナーを擁して人気を博した。

14　映画監督、映像監督。布袋寅泰、ディー・ライトなど数多くのアーティストのPVを手がけるほか、映画『SF　サムライ・フィクション』などを監督。ラジカルの映像作品『ホラホラキング・ショー』『BEAT COMIC　意味がない。』、いとうプロデュースによる『業界くん物語〜業界人養成ギプス〜』も中野が監督した。

15　一九八三年に放送された関西ローカルの深夜バラエティ番組。対談中で倉本が語る特番は、最終回の「お父さんはブレードランナー」で、いとうのほか、小林克也、ヤン富田らが出演。

16　俳優、映画監督、ミュージシャン。デビュー当初

なってから?

倉本　作家として入っていた紳助さんのラジオ番組で、紳助さんが番組を卒業する前に、まったく無名な二人を連れてきた。それがダウンタウンだったんです。その時に、伝説のネタになっているけれど、誘拐のネタをやったのを見て「ヤッバいわ、こいつら!」と思った。その時にいちばん衝撃だったのが言葉。ラジカルとかモンティ・パイソンとかスネークマンショーとか、その辺のシュールで不条理な笑いは絶対に標準語というか、東京弁のイメージが僕にはずっとあった。学生の時に自分でコントとか書いたりしていたけど、大阪の人間のくせにやっぱり標準語で書いていたんだよね。でも、その新人の二人は、完全にベッタベタの大阪弁でそういう世界をやりだした。これはヤバイと思いましたね。その時に「こいつらは絶対天下取るな!」って、一瞬にしてわかった。言ってみたら、ビートルズを最初に見た時のブライアン・エプスタイン[17]の気持ちになった(笑)。

いとう　俺がなんとかしなければ!　みたいな(笑)。

倉本　紳助さんが番組を辞める時にバトンを渡したのがダウンタウンで、そのまま僕が作家として番組に残って合流するわけです。

いとう　僕がダウンタウンで最初に覚えているのは、ある特番にラジカルで出た時に、ダウンタウンというコンビがリハーサルするというんで、どんな

は松田優作、松本清張などのモノマネや「笑いながら怒る人」など、コメディアンとしても活躍。一九八三年からシティボーイズ・ショーに参加。

17　ビートルズを世に送り出した敏腕マネージャー。

ヤツらなんだろうと思って、大竹（まこと）[18] さんとかと見に行ったの。スタジオに家のセットが立ててあって、浜ちゃん（浜田雅功）が「ビシッビシッ！」ってSMのムチを振るうのをびっくりするぐらい長くやっているわけ。それをジーッと見ていたら、ようやく向こうの窓が「バシッ！」と開いて、松本人志が「ビシビシ言うな！」って言って「バンッ！」と窓を閉める。そこで暗転。他のスタッフもいたけど、僕と大竹さんしか笑わなかったね。僕と大竹さんで「うわ、ヤバイ！　関西にこんなヤツいるの？」って話になったのをよく覚えてる。浜田と松本は逆の役だったかもしれないけど。

倉本　ダウンタウンはラジカルとかモンティ・パイソンとか全然知らなくて、まったく影響を受けてないんですよ。まあ、松本の方は天然シュールレアリストみたいなところがあるから、勝手にそうなっていたんですよね。どちらかというと、吉本新喜劇大好き少年ですから。でも、やっぱり何かしら違和感があって「そうじゃない笑いが何かある」という感覚が自分の中にずっとくすぶってたんでしょうね。

いとう　それは倉本美津留も同じことでしょ？

倉本　そうですね。だからすごく気が合いました。「ヤツのおもしろいと思っていることは、たぶん世界一俺がわかんのちゃうかな」という感じで、ずっと一緒に仕事させてもらってきたかなというのはありますね。

18　俳優、コメディアン。一九七九年に斉木しげる、きたろうとともにシティボーイズ結成。『大竹まことゴールデンラジオ！』（文化放送）など、ラジオパーソナリティとしても活躍。

いとう　ラジオからテレビにダウンタウンと一緒に行く時は何が最初だったんですか？

倉本　ダウンタウンがちょっとずつ東京のテレビに出るようになった頃、やっと自分たちがハンドリングできそうな環境が整ったみたいな時期があって、その時に呼ばれたんです。同時期に大阪で『摩訶不思議　ダウンタウンの…!?』（一九九二年）っていう番組もあったりして。

いとう　それ、知らない。どんな番組なの？

倉本　今田（耕司）、東野（幸治）、板尾（創路）たちに、こっち側で考えたお笑いのゲームをプレゼンさせて、プレゼンで選ばれたものをやるっていう番組です。その時にわりといろんなものを生んでいて、フリップ大喜利はその時に発明したんです。

いとう　え、そうなんだ！　フリップでやる大喜利は、くらもっちゃんが考えたの？

倉本　そうですね。何の労力もかけずに、お金もかけずに人の意識を変えることで笑いを取れるなーって（笑）。僕、シュールレアリスムが大好きでしたから、実は原点になったのはマグリット[19]の「イメージの裏切り」なんですよ。

いとう　え、マジ!?　ルネ・マグリット？

19　ベルギーのシュールレアリスムの画家。代表作に「イメージの裏切り」のほか、「人の子」など。

倉本　ルネ・マグリットの作品に、フリップと同じクリーム色の紙にパイプが描いてあって、その下にフランス語が書いてある絵があるんですよ。それを見た時に「何やこれ？」と思った。フランス語だから読めなくて、横の翻訳を見たら「これはパイプではない」って書いてある。パイプの絵を描いて、これはパイプではないって書いている、この衝撃。この一枚のこのひと言に愕然として。

いとう　フリップはマグリット経由だったのか。それはすごい。

倉本　松本人志にこれをあてたら、たぶんおもしろいことになるんじゃないかなと思って最初にやり始めたのがその番組なんですよ。

いとう　フリップは自分の間でドンッて出せるしね。回答があるところにカメラが寄るのと、フリップを裏返すのでは違うんだよね。あれは何かな？

倉本　フリップはその人間の持っているキャラクターというか間を全部使えるんですよね。だからテクニックのある人間が一番使える方式というか。松本が「あえて、きれいな字で書かない」とかもよく言ってましたね。

いとう　字に味を加えて、さらに読む時間を与えるわけだ。

倉本　フワフワと書いて、読めるか読めないかということまで計算してやる。でも、フリップ大喜利をいろんな人がやるようになって、フリップをやたら無駄遣いしているのを見て、森林伐採の問題に意識が直結してきたんですよ。オモんない答え書いて無駄にすんなよ！　って。だんだん腹立ってきて（笑）。

いとう　そりゃそうだ（笑）。

倉本　自分で始めたことなんだけど、なんでもフリップに書いて出すとかもうやめたほうがいいんじゃないかと思って、フリップを使わないでやる方向で何かないかなと考えた時に『ホワイトボードＴＶ』（二〇一〇年）を始めたんです。

いとう　あれはおもしろいことが始まったって思ったよ。

倉本　「ＭＸを使って無茶苦茶なことしていいから何か考えてください」って言われて、「ほんなら地上波よりもＵｓｔｒｅａｍの方がメインになってる番組作ろうか」となった。地上波では大喜利のテストみたいな問題用紙がずっと出ていて、そこに音楽だけがかかってる。

いとう　それだと放送事故にはならないね（笑）。

倉本　その放送をしてる時間にユーストで生配信をしている。僕とバカリズムと漫画家のタナカカツキ[20]の三人が問題用紙が映っているテレビ画面に、ホワイトボードマーカーで直接回答を書いていくという。次の人間は前の回答を消して自分の回答を書いてもいいし、前の回答を残しながら書き足してもいい。回答を重ねることはフリップを使わないからできるんですよ。次の問

20　漫画家、映像作家。著書に『逆光の頃』『バカドリル』（天久聖一との共著）など。日本サウナ・スパ協会公認のサウナ大使。人気カプセルトイ「コップのフチ子」の原案者としても知られる。

題へ行くときには、テレビの画面では問題用紙がフワーッと消えて、次の問題がフワーッと出てくる。ユーストで三人がワイワイ大喜利をやっているのを地上波だけを見てる人は知らないっていう仕掛けです。

いとう　地上波だけを見ている人は問題しか出てないから、なんだろうと思うよね。

倉本　そこも含めてすごくおもしろかった。だけど、結局千人も見てなくて、それで終わっているんですけどね。

いとう　おもしろいのに、もったいない。あれはフリップに関してエコロジーを考えた倉本美津留の結論だったんだ。

倉本　マジでそう。そこのところはわりときっかけになっているというか、そこも含めてオモロいなと思ってやったんですよ。

いとう　結局「なんで当たり前に思うの?」っていうことは常にくらもっちゃんの頭の中で回転してるわけでしょ。

倉本　「当たり前は当たり前やないねん」っていうことを言いたいだけ。それを伝えるために、笑いを使っているところはある。

ギャップをいかに生み出すか

いとう　今回の企画は、笑いの数を数えるってことで、僕もいろいろ定義っぽいことを考えてきたんだけど、まず一つめに、劇作家の宮沢章夫さんも言ってるけど、**妙にイイ声だと笑う**ってこと実際あるよね。だから伊武（雅刀）[21]さんとかナレーションをすごい真面目にやっているんだけれど、なんか信用ならないというか、笑っちゃうの。「慶長三年……」とか言っても、「いやホントに慶長なのかな？」って（笑）。これはかなり変なことだと思うんだよ。

倉本　わかるわかる（笑）。ただ、伊武雅刀に関してはスネークマンショーが最初にあるから、あの人が真面目にやるわけないと思っちゃうのかもしれない。

いとう　あと麒麟の川島（明）くんとか（笑）。あれはイイ声であることを利用してるというか、落差なのかな？

倉本　僕もイイ声だって言われるのよ。

いとう　くらもっちゃん、イイ声だよ。

倉本　でも、僕のイイ声は笑いにならないからなぁ。だから、イイ声でも笑いになるのとならないのがあるんじゃないかな。

21　俳優。スネークマンショーのメンバーとして活動。かつては声優として数多くの作品に出演し、『宇宙戦艦ヤマト』のデスラー総統などを担当。

いとう　あ、わかった。ちょっと気取った声を出そうとするからだ。伊武さんも川島くんもそういうところがあるよね。

倉本　「俺の声を聞け！」感が出た時に、そいつの何か、腹が見えるというか、やらしさというか、「こいつ何かやらしいな」っていう魂胆が見えておもしろいのかも。

いとう　よくコントとかで、古い笑いだけれども、色男の格好してカッコつけて出てくるとお客さんが笑うっていうのは、たぶんこのことだよね。カッコいいことをわざとやってますよというのを客も共有して笑うっていう。ただ、この場合は、本人は笑われると思っていない。パターンじゃないとダメ。斉木しげるさん[22]がこのパターン。カッコよく出てきてキメてるんだけど、なんかおかしいっていうのは、麒麟の川島くんとはまた違う。

倉本　斉木さんはどちらかというと天然だと思うんだけど。

いとう　ああ、そうか、天然だ。

倉本　まわりから「おもしろいおもしろい」言われて、「だったら」ってやり始めて、それでもまだ本人が気づいていないところあるじゃないですか。

いとう　そうなんだよね。

倉本　川島はわかってやっている。だからちょっと違う。声でいくと、安田大サーカスのクロちゃんを最初に見た時にやっぱり笑ってしまったんです

22　俳優、コメディアン。一九七九年に大竹まこと、きたろうとともにシティボーイズ結成。

よ。あんなごっつい顔が「クロちゃんです！」って。しかもこれがマジだったから。

いとう　マジだから、だよね。

倉本　そうそう、あのギャップがやっぱり笑ってしまうんです。でも、**ギャップは笑う**ってことにしてしまうと範囲が大きすぎるのかなとも思う。

いとう　これを出したら、もうほとんどのヤツが入る場合があるからね。だからこれを細かくどういう風に具体的にしたら笑いになるかが問題だよね。

倉本　細かく分けるとすれば、**ヤクザみたいに見た目が怖いヤツが声が高いと笑う**ということになっていくのかな。

いとう　具体例で言えばそうだね（笑）。

倉本　ギャップの一例なんだけど、僕の義理の母親がめっちゃ体がちっちゃいおばちゃんなんです。普段も見たとおりの物腰がやわらかい感じのおばちゃんなんですけど、くしゃみだけめちゃめちゃでかいんです（笑）。初めて聞いた時には「誰おんねん！」ってなって。「いや、母」って言われて「えー!!」って驚いた。そこはやっぱり笑ってしまう。

いとう　それは笑ってしまうね（笑）。

倉本　ちっちゃいおばちゃんのくしゃみがでかいと笑

う。

いとう　それはノーマークということも関係あるよね。やっぱりマークしている人がおもしろいことを言う時は、マークされているから一個ハードルが上がるけど、ノーマークの人がポンッとおもしろいこと言った時のほうがびっくりするっていうのは絶対にある。コントを作る時に、つい間違えてしまうのは、おもしろい人にセリフを集中させちゃうこと。あれはよくない。

倉本　「まさかこいつが！」みたいのが一番おいしいし、楽ですよね。

いとう　そうそう、楽。コントで何人かいるとして、ずっとしゃべらないヤツがいて、他の人たちが筋を運んでいる。何かひっかかることをずっと一人が言っていて、そのしゃべらないヤツがしばらくしてから「ほんとにそうですか？」って言ったらやっぱりおかしいんだよね。ノーマークのヤツがしゃべるっていうのは、コイツは疑念を今までずっと持ち続けていたんだってわかることがおもしろいんだよ。今みたいなことはやっぱり現場の人間じゃないとわからない。お笑いの評論家の書くこととかって、やっぱり全然わかってないなと思う。

倉本　その辺のニュアンスは文章化しにくいのかなあ。

いとう　**ノーマークは笑いを生む。**サッカーみたいなことだけど、マークされてないヤツが知らない間にボール持ってゴールしちゃうみたいなことは確実にある。そう考えると、ノーマークをどう作るかはコントとかで重要なんじゃない？

倉本　ほんとうにそう。だから、めちゃめちゃこんなヤツ存在したらおかしいなっていうことを、ずっとノーマークのままやるみたいなことあるじゃないですか。その典型的なのが、僕が関わったコントで言うと「トカゲのおっさん」[23]なんです。あんなヤツおったら、最初にひいて「あかん！」てなるけど、誰もおかしいと思わないっていう。

いとう　そうそう、それ。

倉本　最初、子どもだから変わったヤツが好きで仲良くしているのかなと思ったら、親も他の大人も変なおっさんだと思うけど、ひいてない。だからノーマークにわざとする。

ツッコミの多様化

いとう　ボケ・ツッコミ自体は関西の文化ですよね。近頃、そのこと自体も若い人には伝わってなくて。東京のコントは漫才と違って、ボケはあるけどツッコミはいちいちなかった。今は若いタレントとか、わりと早くつっこんじゃうんですよね。

23　一九九一年からフジテレビ系で放送された『ダウンタウンのごっつええ感じ』の連続コント。松本扮するトカゲのおっさんと浜田扮する少年の友情を軸に、コントのワクを超えたドラマティックな展開を見せた問題作。

倉本　ダウンタウンがツッコミで笑いを作るっていうのをグッと進化させてしまったんですよ。ツッコミもしっかりと笑いを作れるということを広めた。そこはもう浜田雅功のすごい才能だと思うんですけど、それまでは、例えばツービートにしても紳助・竜介にしても、おもしろい人がバーッとやって、ツッコミがそれのリズムを作るという感じだった。

いとう　「そんなわけないだろ!」ってね。昔のツッコミは、句読点を打つということがひとつ。漫才にリズムを作っていく。もう一個は、ツービートの場合は特に（ビート）きよしさんの「よしなさい!」がどういうふうに機能していたか。それを僕がどう見てたかというと、きよしさんが一応止めてるから、（ビート）たけしさんがより過激なことを言っていいことになるんだよね。

倉本　なるほどね（笑）。

いとう　「一応止めてるから勘弁してやってください」になるから、みんなもそんなに怒らないで済むことになる。**安全弁の役目になった**

ツッコミなんだよね。そうじゃないツッコミはちょっと偉そうな立場から「お前はアホだよな」って言ってくる。まあ、ひとつのまとめです。「はい、一章終わりました。まとめました」で、なんとなくホッとして笑う。でも、確かにダウンタウンのあたりからその関係性が変わってきた気がする。

倉本　ボケがわかりにくいボケをわざとする。ツッコミがそのボケに対して簡単につっこまない。アンテナの高い人間はそれだけで笑えるんです。でも、あえて更にアンテナが高くないと笑えないことを言うんです。そこを翻訳する言い方がいろいろある。

いとう　「いい加減にしろ！」じゃないヤツだよね。

倉本　例えば、クイズネタというのがあって「このクイズに正解すると二倍になります！」と言う。主語がないのね。「何が二倍になんねん？」とツッコミが入ることで気づきがあるじゃないですか。その後に「僕が」って言う。その後に普通だったら「何言うてんねん！」ってなるところを、浜田は「ああ、それは見てみたいなあ」って言うんですよ。

いとう　ツッコミなんだけど、複雑だよね。

倉本　ボケとツッコミの両方で笑いを取れるっていう選択肢をダウンタウンが増やしちゃったんです。となると、みんなが憧れるんですよ。でも、出来る人間と出来ない人間がいるじゃないですか。あれをお手本にしてしまうと、早くつっこむとか、ツッコミもいっぱいしゃべるということだけが重要視されてきてヘンな方向に行っちゃう。

いとう　形式だけを覚えちゃうからね。今の最後の浜ちゃん側の言葉は、逆をいく発想だからね。お客はもうわかっていて「こうくるんだろうな」と思っているのに、その逆をいく。みうらじゅん[24]と雑談していると、みうらさんがヘンなことを言ったら昔は「何言ってんだよ！」とか「アンタおかしいよ！」とつっこんだけど、ラジオだとそればかり言っていられない。だから「へー」とかって言っちゃう（笑）。でも、「へー」って言うこと自体がやっぱりおかしくなってくるわけ。

倉本　のらりくらりとね（笑）。

いとう　ワケわかんない話をのらりくらりとずーっと聞き続けて、それを飲み込んじゃうということ自体が、大きく言えば**裏切る**っていうことに繋がる。笑いにとっては、大きい項目になるんだけど、ここはすごく重要じゃないかな。でも、どこで裏切るかはものすごく難しい。だってセンスだもん。これでその芸人のセンスがわかっちゃう。

倉本　間とかタイミングとかもめちゃめちゃ重要なんですよね。

いとう　さっき話したツッコミがリズムを付けるということで言うと、師匠のきたろうさんの話なんだけど。まあ、きたろうさんからはいまだに「お前を弟子にした覚えはない」ってずっと言われているんだけどさ。

倉本　その関係がもうオモロいわ（笑）。

いとう　きたろうさんが教えてくれたことで唯一、役に立ってることがある。**ツッコミで迷ったら、一回「ンンッ（咳払いのよう**

24　イラストレーターなど。エッセイ、小説、マンガ、ミュージシャンなど多方面で活躍。「マイブーム」「ゆるキャラ」といったフレーズの生みの親としても知られる。『見仏記』シリーズ、『ザ・スライドショー』など、いとうとのコンビ仕事多数。

な声）」を入れろって言うんだよね。「ンンッ、何でしたっけ？」って感じで。相手のセリフをずっと聞いていて、相槌を入れるタイミングって大事じゃないですか。で、それをどこで取るのがベストかわかんなくなっちゃう時があるでしょ？　その時にきたろうさんは「ンンッ、そうですかね」って言う。だいたいあの人その間で笑わせてるよ。

倉本　なるほど。確かに、何回か見たことある（笑）。

いとう　「ンンッ」は舞台だと客には聞こえないって言うわけ。なぜ、その「ンンッ」を入れると間が……間尺って芝居とかコントでは言うんですけど、なぜ間尺が合うのかは全然言葉にできない。なんだろう、これ。

倉本　うーん、きたろうさんならではの感じかもしれんなあ。

いとう　ものを言っていく時に、ただ裏切ればいいってものでもないし、ただ指摘すればいいってことでもなくて、あるお客との共有というか、それを言う本人の気づきの芝居もあるのかなあ。師匠のきたろうさんでもうひとつ話すと、きたろうさんってずっこけるのうまいじゃない。

倉本　きたろうさんはうまいなぁ。

いとう　昔、若い人に教える時に言ってたんだけど、ずっこけるって、ここに何かあるって思わないとおもしろいずっこけができないんだよね。ないと思ってずっこける人は全然おもしろくない。きたろうさんの場合、何もないところに完全に椅子があるみたいにストーンと座るからね。「ケガしたことないの？」って聞いたら「一度もない」って言ってた。そこにはないことがわかって行くわけだから、やっぱり忘れる能力が異常なんですよ。ツッコミはボケがボケるまで、そのことをちゃんと忘れていられる人が一番いいツッコミ。だから、**忘れるってことは、笑わせることにとってはものすごく重要**なんだよね。

真剣さが持つ熱

いとう　くらもっちゃんはネタ見せでいろんな芸人たちを観ると思うけど、何回もやってるネタだと、ボケがボケるのを知っていた感じでつっこまれるのって、本当にイヤじゃない？　僕も「なんで新鮮につっこめないの？」って、欽ちゃんみたいな口調で言うことあるもん。

倉本　**練習してるってバレたら終わりやねんって（笑）。**

いとう　「勉強してる」って言ってテスト受けちゃダメなんだよ！

倉本　お笑いは特に！

いとう　初めてこのボケがすごいこと言ったみたいな顔で「え！」って言わないとダメ。でも、やっぱり流れちゃう人は流れちゃう。あれは天性のものなのかなあ。そうしないと客が引っかからないと思うんだけど。

倉本　でも、そうしなくても引っかかる客もまあまあ多いじゃないですか。

いとう　ああ、なるほど。

倉本　「おもしろ笑い」と「好きだから笑い」みたいな。

いとう　「好きだから笑い」はある。これは大きい問題なんですよ。

倉本　これに対しては、僕はちょっと否定的なんですよね。

いとう　うん、わかる。僕、ピン芸をやめちゃったのは、これが自分に関して起こるようになったから。舞台に出ていくだけで「あー、あの人だー！」って笑われるのは、笑わせようと思う人間にとっては、ほんとうにイヤだ。

倉本　そういう感覚を持っているせいこうちゃんはそうかもしれないけど、それで笑ってもらうのが楽だと思う人たちは気にせずやれちゃう。

いとう　やれちゃうね。

倉本　何度も同じことができる。

いとう　そうなんだよね。でも一方で、芸人としての愛嬌ってものは絶対に必要。これだけはどうしようもないね。

倉本　それはもう大事、大事。

いとう　チャーミングじゃない人がキツイこと言ったらただキツイだけだけ

ど、チャーミングな人が言うとひどいこともひどくなく聞こえるっていう。あれ、どうやったらチャーミングになれるのかなあ。僕、若い頃すごい悩んだよ。チャーミングじゃなかったから。

倉本　確かに（笑）。

いとう　客の前にトカゲみたいな目をして出てっちゃうんだもん（笑）。楽屋でまず本番直前に鏡に向かって「殺してやる」って言って出てったからね。舞台に出て笑われないようにするのにもう精一杯になっちゃって。今思えば、その時は若すぎたなと思うけど。

倉本　大丈夫、今はチャーミングが出てるから。

いとう　あ、ほんと？　出てる？　うれしいー（笑）。

倉本　時間かかってチャーミングになるヤツと、最初からチャーミングなヤツっているよね。

いとう　そう。だから、目つきの悪いヤツも、いつかボケ味が出ると思って、笑わすことを考え続けたほうがいいよね。

倉本　自分のスタンスをブレさせないほうがいいと思う。しつこくやっていれば、本人がチャーミングになりたいってあまり思っていなくても、自然とチャーミングに見えてくるようになるんですよ。

いとう　怖いくらい真剣に笑いのことをうるさく言う人だけど、ちょっとズボン穿き間違えてるみたいな（笑）。

倉本　真剣になりすぎてうっかりしてるっていう。

いとう　お留守な人ね（笑）。

倉本　これは自分の経験なんですけど、若い頃に彼女にしたい女の子がいて、その子を自分の家に連れて来ることが出来たんですよ。自分の部屋に呼んで、オカンがお盆の上にお茶二つ置いて持ってきたりして。僕はその子に好きになってもらおうと必死だから、ブワーッてしゃべって、笑わして笑わして。で、ちょっと外に遊びに行こうってなって、「ほな行こか」って時に、お茶を片付けないといけないっていう意識と、その子に一生懸命で、楽しい気分をそのままキープさせたいっていう意識の両方があって、そのお盆を持ったまま外に一緒に出て行ったことがある（笑）。

いとう　おかしいわー（爆笑）。

倉本　お盆を持って道路まで出ちゃった（笑）。その時は自分でも笑いましたね。**真剣になりすぎてうっかりなヤツ。**

いとう　しかも、良かれと思って、という善意が出てるところが最高だよね。意図的に真剣になってもおもしろくないけど、良かれと思ってお盆を持っちゃってるところがチャーミングとしか言いようがない。片付けなんて後でいいのに（笑）。

倉本　真剣に怒ってる先生の口元にツバがたまっているとかね。真剣になりすぎてるヤツってやっぱりおもしろいんですよ。

いとう　不真面目な感じの人ってあんまりおもしろくないんだよね。不真面目ってこと自体、もう笑いの対象にはならないんだろうね。だって、そもそもギャップがないんだもん。なんで不真面目だとおもしろくないのかなあ。

倉本　熱量じゃないですかね。人間、熱が出てたら、なんかおかしくなってくる（笑）。「そんな熱出す必要ある？」というのが一番おもしろい。

いとう　たしかに。

倉本　『ＥＸテレビ』[25]っていう番組でいろいろ実験的な企画をやっていて、そこで「思い入れ放送」というのをやったんです。選挙の政見放送あるじゃないですか。政見放送って何分か経ったらスーッとカメラが寄るでしょ。で、何秒か経ったらまたひいていく。あれをまったく同じセット作って、同じ画角、同じパターンでやる。そこで、自分が一番思い入れのあるものを語るというもの。口下手な人でも自分の好きなものだったらしゃべれるだろうと、いろんな人に出てもらったんです。一番覚えているのは、渡辺裕之さん。彼、モデルガンマニアなんですよ。「ワルサーＰ38が……」みたいなこ

25　日本テレビ系の長寿番組『11ＰＭ』の後番組として、一九九〇年から放送された深夜番組。倉本は上岡龍太郎、島田紳助司会による、よみうりテレビ制作の大阪版で構成を担当。大阪版では視聴率調査機の設置された家庭のみに向けた企画や、テレビにおける低俗の限界を探る企画、立川談志の落語「黄金餅」ノーカット放送など、数々の意欲的な企画が放送された。

とを言いたいから、モデルガンを持ってきてそれを説明してくれるんだけど、それがズーッと熱い熱い！　ワケのわからない専門用語も平気で言うし、それ自体がおもしろいんですよ。お前はわかってるやろうけど、こっちは全然わからへんし、みたいな（笑）。こちらに関係なく一生懸命しゃべるんだけど、誰にでもわかってもらえると思っているその画がオモロい。一番大事な「このねー、ここの装塡する部分が……」って言ってる時カメラが寄りきっていた瞬間で、**銃が全然映ってなかったの（笑）。**

いとう　最高だね（笑）。

倉本　ちゃんと言うてるやん、何分後にカメラが寄るって。そんなこともうわかってないの。忘れちゃう。その熱！　真剣さが素晴らしい（笑）。

いとう　真剣さにかなうものはないんだよね。その人のその一生懸命さっていうか、計算のないってことがすごい大事。でも、笑いのプロであれば、計算も若干頭に残して、「あ、たぶんここワンショットで抜いてくるけど銃は見えてたほうがいいなあ。でも、わざとすごくいいところにしちゃったらみんな冷めちゃうから、銃を半分くらい映そう」とか、ね。バラエティってそういうもんじゃないですか。カメラが映さなきゃ何にもなんないから、カメラさんと出てる側の共同作業でそれを作っていく。逆に、今の例だと共同作業でそれをなくしていく、見せなくしていくってことだよね。

倉本　そうそう。それがプロフェッショナルなんですよね。

人間の悲哀

倉本　あとね、**ごまかそうとしてる人間がごまかしきれない。**

いとう　それはたまらなくいいよねえ。

倉本　バレちゃってるのにごまかしてるおかしさね。ウチの母親は普通やと思って話した父親の話で、僕がおかしくて仕方なかったのが、家の裏庭にイチジクの木があったんですよ。ウチのイチジクの実だから食べていいんだけど、オヤジはイチジクが大好きなのに糖尿の気があったから「あんまり食べんな」って言われてたんです。それなのに、おふくろが裏庭に行ったら、オヤジがゴソゴソしてたと。これは食べてるなと思って「父ちゃん！」って声を掛けたら、オヤジは「食べてない！」っていきなり言ったんです。でも、口の周りにイチジクの皮がベチャーと付いてた（笑）。

いとう　人間のなんとも言えない悲しさみたいなものもあるよね（笑）。ちょっと近いヤツで思い出した！　僕、中学高校の時に超能力とかＵＦＯのことが大好きになっちゃって、そういう本とかがいっぱい出てたから買ってさ。だけど、僕の父親は真面目な人だから、「こういう本は読むな。超能力はないし、宇宙人もいない」って言ったわけ。「捨てろ！」って言われたから隠すようにして、超能力とかＵＦＯの本を読んでたわけ。それが、俺が四十過ぎぐらいかな、実家に行って父親がちょうど席を外してる時に母親が「そういえば、今だから言っておく」みたいな感じで、「お父さん、ＵＦＯ見たことあるんだよ」って（笑）。

倉本　（爆笑）

いとう　俺を怒ったあと見ちゃったんだね。「せいこうにはこれは言うな、お母さん」ってことだよね。お釜みたいなＵＦＯが前の広場にフワフワフワと着陸したって。

倉本　めっちゃ見てるやん！（笑）

いとう　めっちゃ見てるわけよ！　それはおかしかったなあ。

倉本　その話をお袋から聞くのも、なんかおかしいよね。

いとう　その人がその場にいないっていうのがミソだよね。その人の前でこれを言っちゃうとなんか面白味はなくて、そのあと真面目な顔して部屋に入ってくるお父さんは無性に笑える。これはイチジクの皮が口の周りに付いてることに気づかないお父さんと似てる。

倉本　オヤジがＵＦＯ見た告白を自分の嫁には言っておこうっていうのもオ

モロい。黙っといたらええやん！（笑）

いとう　「俺はすごい体験をしたんだ」ってことをお母さんにだけは言っておきたかったんだろうね。

倉本　でも、せいこうには絶対言うな（笑）。

いとう　ＵＦＯはないって僕には言ってるから、そこは筋を通したいんだね（笑）。

笑いの距離感

倉本　笑うと不謹慎な状況は笑えるよね。簡単に言うと、葬式とかで「何回同じ節回しが出てくんねん、この坊主は！　あ、いま韻踏んだ！」みたいな（笑）。

いとう　僕が不謹慎な話で笑ったのは、その人のおばあちゃんが亡くなって、焼き場に来て、焼いて出したら、どう考えてもおばあちゃんより大きいんだって（笑）。だけど、言うわけにもいかないから、骨壺に入れるんだけど、入りきらないらしいのよ。たぶんとなりはとなりで「小さいなあ」って思ってただろうなって思うとおかしくって。だって、その骨はいまだにその家のお墓に納まってるんだよ。

倉本　何世代先までボケるのかみたいな（笑）。

いとう　ずーっとそれを拝んでいく子孫がいるわけでしょ。これも縁だね、やっぱり。前世は小さい骨の方をあてがわれてた家が、今ようやく入れ替わったかもしれないしね（笑）。

倉本　あと、**牛乳を口いっぱいに含んでるとおもしろい。**

いとう　アレ、おかしいよねえ。他の飲み物だとそうでもないのに、牛乳はヤバイ。やっぱりそれは笑っちゃいけないからだよね。牛乳は始末に負えない汚さと臭さが出るし、昔だと給食で牛乳を飲んでる時にみんなが笑わせに来た、その記憶だよね。

倉本　それに、自分もそれで育ってきたみたいな、吐いたらアカンもんだっていうのもあるよね。

いとう　**僕、足が何回もつると笑う**んだよね。

倉本　それ、自分で？

いとう　うん。

倉本　自分の足が？

いとう　自分の足が痛いことになってるんだけど、「まだ？」っていうおかしさが湧いてきて、なんなんだろうな、おかしくなってきちゃうんだよな。

体のいうこと聞かなさっていうか。

倉本　それはね、同じことを考えてたんだけど、標準より長かったら笑うんだよ。

いとう　ああ、それだ！　これは何なんだろうね？

倉本　おならも長いと笑うでしょ？

いとう　「プッ」よりは「プーッ」のほうがおかしいもん。

倉本　ほんで、もっと「プーーーーッ」のほうが「おーい、いつまで出んねん！」ってのがあるじゃないですか。

いとう　あるある！

倉本　袖が長いのがオモロかったりするのを、思いっきり伸ばしてやったのが赤塚（不二夫）[26]さんの絵だったりする。

いとう　あれ、短かったらただの半袖だからね。それは過剰ってことなのかな？　コントで変な人が来て、つっこめなくてジーッと見てる。その間が長ければ長いほど、腹がだんだんおかしくなってひっくり返ってくるっていうのはある。

倉本　異常なラインを超えてもらうってことなんですよね。

いとう　笑わす側からすると、ある長さまでやろうと決めておいても客がシーンとしてると怖くなってくる。だからわりと早めに引き上げちゃう場合があるんだけど、そうすると傷は深くなる。だったら徹底的に長く、ジーッと

26　漫画家。『おそ松くん』『天才バカボン』『もーれつア太郎』『レッツラゴン』などを手がけたギャグマンガ界の巨匠。強烈なキャラクターたち、「シェー！」「これでいいのだ！」などのフレーズ群は、半世紀以上にわたり世代を超えて親しまれている。

不審そうな顔をして、変に動かない。客の腹がひっくり返る方が先か。あそこは我慢比べですね。ただし元の構造がちゃんとおかしくないと、ただの引きの笑いになるから要注意。すべった感じで笑われちゃうのはちょっとね。

倉本　使いやすいヤツでいうと、**普段短いものが長いと笑う。**

いとう　それはわかりやすい。お箸が自分のだけ異常に長かったりする場合、そこはあえてつっこまずにがんばって食べてるさまはおかしい。

倉本　これだけ長かったらなんか他のことに使うべきだ、と考えついて、なんか食べること以外に使いだすとか、この箸は相手に食べさせる用なんじゃないかとかね。

いとう　バリエーションが出てくる。あえて調整しないっていうおかしさもあるよね。例えば、自分で削ったり折ればいいのに、こういう長さのお箸だっていう前提にかろうじてつかまりながら生きていく人間の生き様はおかしい。

倉本　異常なものに対して、身をゆだねてしまうおかしさがあるんでしょうね。

いとう　あるねえ。さっき話した早めにつっこまないほうが笑えるというのは、コントの方がやりやすいけど、漫才だとどうしても難しい。漫才のツッコミで言うと、近ごろの漫才は手数になってるしね。

倉本　速さが増していくっていうのは、時代的に音楽でもそうなってきてるけど、チェンジアップっていうか、違うようなヤツが出てきたら時代変えるのかなあというような気はしますけどね。

いとう　スリムクラブは遅さっていうのを目指してておもしろいから大好きだわ。

倉本　スリムクラブはそこを狙って、ちゃんと作れていてすごくおもしろいと思いますね。

いとう　しかも声が聞き取れないっていうところもすごいよ。さらになまってるでしょ。あそこに**わかりにくさの全部がある**んだもん。

倉本　あの声のコンプレックスをちゃんと自分の芸にしてる。あれで早口だったら全然伝わらない。だからあの間が必要だったんだと思う。

いとう　あの聞き取りづらい声があって、きちんと客に届けないといけないとなると、ああいう結論になるよね。

倉本　**丁寧に伝えるというやりとりの笑い**じゃないですかね。

いとう　内間（政成）くんもいいよね。

倉本　内間は全然オモんないヤツなんですよ（笑）。でも、そこがいいんです！　真栄田（賢）が内間のこと好きだから、このおもしろくないヤツがどうやったらオモロくなるかっていう大喜利を漫才でやっている。この関係性はおもしろいですね。おもしろくない内間のことをめちゃくちゃおもしろいと思って真栄田は漫才をやってるんですよ。

いとう　それは複雑なセンスだよね。やっぱり真栄田くんもひねくれてるってこと？

倉本　ひねくれてるし、ホントに相方のことが好きなんでしょうね。これは笑いって微妙やなあって話ですけど、二〇一六年にスリムクラブが『M−1（グランプリ）』で決勝に残って、僕は予選から見ていて、スリムクラブが優勝するんじゃないかなと思ったんですよ。準決勝でやった、内間のことを天狗の子ども扱いするネタがほんとうに最高で。それと同じネタを決勝でもやったんだけれど、ちょっと変えてきた。それが失敗だった。

いとう　その決勝はテレビで見たけど、どこを変えたの？

倉本　天狗にあやまりに行って、顔は白いし、鼻も長くない天狗になりかけの天狗の子どもを見つけたっていうネタで。

いとう　おばあちゃんがひどいことをしてあやまりに行かなきゃいけないヤツだよね。

倉本　最後に「あなたにおわびにあげたいものがある」ってプレゼントをして終わるんですよ。決勝では「世界にひとつしかない下駄を五つあげましょう」「どういうことですか？」「世界はひとつだけじゃないから」っていうオチで。

いとう　そうだった、そうだった！

倉本　予選の時はどうだったかというと「世界にひとつしかない花を五つあげましょう」「どういうことですか？」「世界はひとつだけじゃないから」。すごい終わり方でしょ？

いとう　キレイだし、深いし、おもしろい！

倉本　それはなにが違うかというと、天狗の子どもに下駄をあげるというのは天狗に寄せすぎてるんです。花をもらって「そんなもんをもらって、俺はどうしたらいいの？」ってところの次を超える時に「世界はひとつじゃないから」の流れでトントンっていく。それが下駄にしたことで天狗に寄っちゃってジャンプ力が一個足りてない。

いとう　なんか理屈になっちゃったから、そこにひっかかっちゃうんだね。「どうやって使うんだろう？」って思わせちゃうとね。

倉本　それがホントに最高だというのを客観視できなかったんだなって。もっと強くしようという意識が働いてしまった。

いとう　本人たちにしてみれば、直前に弱く見えちゃったんだろうなあ。

倉本　最高傑作だったのがちょっとだけ普通になっちゃった。

いとう　でも、何回もやっているうちに、頭の中で普通だなって思っちゃうのはわかるんだよなあ。**新鮮さを保つのってほんと難しい。**最後に花をあげたほうがキレイなんだけど、よく考えてみると意味がわからないっていうギリギリ。俳句のセンスもこれなの。付け過ぎちゃうと全然おもしろくない。巨匠に「ここはどう直したほうがよかったか」聞くと、「え、その花?」っていうような微妙なところを突いてくる。だけど「ああ、なんかわかんないけど、確かにその花の方がいい」っていうのがある。ここまでは論理ではほとんど踏み込めない(笑)。

だけど、つかず離れずをどう作るかっていうのはナンセンスにとって超難しい問題だよね。

倉本　でも、そこが大事なとこなんですよね。

スポーツとしての笑い

いとう　くらもっちゃん、いまジャルジャルとおもしろそうなこととしてるよね。僕はまだ観に行けてないことがホントくやしいんだけど。

倉本　是非、せいこうちゃんに観てほしいなあ(ジャルジャル×倉本美津留の「超コント」)。ジャルジャルは笑い脳の運動能力がすごいんですよ。だけど、それはたぶんテレビでは伝わってない。僕は身近にいて、そのことが残念で、彼らの一番すごいところを抽出したいなと思ってるんです。本人たちは自分たちでコントライブを定期的にやっていたりするんですけど、それ以外に急にコントを始めないとアカンっていう状況を作って、それをやってみたいなって考えたんです。お客さんに入り口のところで形容詞と名詞、好きな言葉をそれぞれ二枚の紙に書いて、箱に入れてもらう。それをガーッと混ぜて、引いて合わせると変な言葉ができるじゃないですか。例えば「みずみずしい」「宇宙人」みたいな言葉が出てくる。そんな言葉、今までない。今までないものが、急に生まれる。それを聞いた途端に、**そのタイトルで十秒後にコントをやる**。一回暗転するんですけど、照明が上った時に、まずどっちが舞台に先に立ってるのか、とか。

いとう　それだけでおかしいもんなあ。

倉本　絶対に打ち合わせできないっていうのがお客さんにもわかるようなシステムになってるんです。二人は学生時代からの友達だから、あうんの呼吸みたいなのもあるんだけど、相手がどんなことを言い出すか、それに合わせていかないとアカンみたいなことを、短くて二分、長くて十分とかそれぐらいの尺でやる。僕はそれを観ながら照明とか音楽を入れるんです。

いとう　そこがすごいアイデアなんだよね。編集っていう目が入っている。アドリブってただのやりっ放しになりやすいからね。本人もわからないところでいきなり盛り上がる音楽とかかけられたら、それに合わせて盛り上がっていかなきゃいけないわけでしょ。

倉本　そこがおもしろいですね。作ってる作業をお客さんも一緒に楽しむ感じなんですよ。二人がしゃべっていて「ああこういうシチュエーションや。全然違う音入れたろ」とかしたら、そこに合わせてくるし楽しいですね。急に展開や次元が変わってくるけど、最初のタイトルのことを考えたら、これもアリなんだみたいなことになってきて。なんとなく、もう終わりかなっていう時にゆーっくりと暗転していくパターンもあれば、バッと終わるパターンもある。そこは僕が任されている。後藤（淳平）、福徳（秀介）、僕の三者で作っているんですね。

いとう　三人の読み合いだ。

倉本　そう。その読み合いを見てもらう。でも、その読み合いのきっかけを作ったのはお客さん、あなたたちの言葉なんですよ、ってなる。

いとう　参加性もあるんだ。

倉本　なんか荒波を進む船に一緒に乗っている感じがある。以前、せいこうちゃんとしゃべった時に、最後の方でテーマになったのが、**お笑いはスポーツを超えられるのかどうか。**

いとう　覚えててくれたんだ！　それがずっとこの十五年ぐらい自分のテー

マなんです。スポーツに匹敵する笑いは可能かっていう。

倉本　そのことをちゃんと証明したいなあって思って。ジャルジャルの二人にはスポーツをやらせてる感じなんです。

いとう　くらもっちゃんは監督ね。

倉本　監督、監督！　タイトルという球がポンッときて、どうシュート決めるのか、それを見てもらう。スポーツって全然おもしろくない試合でも「なんや、きょうの試合オモロないなあ」「仕方ないなあ」で終わるけれど、それってずるいじゃないですか。

いとう　ずるいよね。

倉本　お笑いはそれが許されない。みなさんは、スポーツではどうなるかわからないのを楽しむんでしょ。それをお笑いでも楽しめるようにしたいと思ってやってるところがある。「超コント」っていう言い方してるんですけど。

いとう　「もうやられちゃってんじゃん！」っていうのがほぼわかってるから、観るのが怖いんでしょうね、僕（笑）。スポーツとしての笑いで言うと、アチャラカ[27]っていうのを日本の昭和初期からエノケン[28]先生とかがやってきて、笑いの中にアドリブがすごく多くある。僕は、飄々とした芸人たちはコント中のアドリブをすごい楽しんでいたと考えているんです。古い放送作家

27　スラップスティック要素にアドリブを盛り込んだ、昭和初期の浅草を中心に人気を博した軽演劇のスタイル。

28　榎本健一。俳優、歌手、コメディアン。昭和を代表する喜劇人の一人。

の人たちに「いや、そんなことない。あれは全部計算だ」って反論されたこともあって、困ったなあと思ったことがある。こっちはやる側だからわかるけど、芸人がそのとおりやるわけないじゃないですか。それでアドリブを入れるヤツをやろうってことで、KERA（ケラリーノ・サンドロヴィッチ）とかと「空飛ぶ雲の上団五郎一座[29]」をやった。新宿にあったシアターアプルって劇場でやったんですけど、たまたまそこの売店のおばさまに「ワタシ、実は三木のり平[30]先生と一緒にやってたんですよ」って人がいて、その人の話をみんなで聞いたら、「毎日やることが違ってて、ホントに笑わせられた」って言うわけ。やっぱりそうかと。

倉本　すごいなあ……。

いとう　もちろん、カッチリもやれる。だけど、遊び始めたら平気で遊ぶ。ただ、設定からは出ない。課長は課長のまんまで遊ぶ。「課長、今朝来るの遅かったじゃないですか」って、ホントの遅刻かどうかわからないようなアドリブをやって、上手に本筋へと戻ってくる。そういうのがやっぱりかっこいいなあって思うんですよ。

倉本　当時のスタッフの人たちはそれを一緒に楽しみながら、つきあってくれたからやれてたんだろうね。

いとう　照明の人とかも、くらもっちゃんがジャルジャルとやってるみたい

29　いとう、ケラリーノ・サンドロヴィッチの呼びかけにより二〇〇二年に旗揚げされたプロジェクト。「アチャラカ」を現代に復活させる試み。文芸部に井上ひさし、筒井康隆、別役実が参加。一九六〇年代に榎本健一らによって映画やテレビで人気を博した『雲の上団五郎一座』と『空飛ぶモンティ・パイソン』を掛け合わせてネーミングされた。

30　俳優。コメディアン、演出家としても活躍。『はるなつあきふゆ』など別役実作品に出演。最後の舞台作品は別役作品の『山猫理髪店』。

なことをやってたんじゃないかなあ。それって笑いだけじゃなくて、**芝居の原点ってそういうもの**でしょう。

倉本　ジャルジャルとのライブではそれのホントに極端な例をやってるんですね。ジャルジャルは開演の三十分前に入ってきても打ち合わせがないからやることがない。何にもできないんですよ。なんかストレッチだけやってますね（笑）。

いとう　僕がみうらさんと『スライドショー』[31]をずっとやってるのはそれをやりたいからだと思う。僕は絶対打ち合わせしないから、会場に行ってもやることがない。スタッフには「僕にはみうらさんのネタを絶対見せるな」って言ってあるから、僕も楽屋から一歩も出ないようにしてる。そうなると、しょうがないから僕もストレッチするもんね（笑）。それしかないんだよ、やることが！　体だけはやわらかくしとこうって思うんだろうね。人間って悲しいね（笑）。

倉本　**「人間、暇になったらストレッチする」**。それ、オモロい！（笑）

31　『ザ・スライドショー』。いとう、みうらじゅん、スライド（スライド機）から構成される「ザ・ロックンロール・スライダーズ」によるイベント。みうらが撮りためたバカネタの数々をスクリーンに投影し、そのネタにいとうがツッコミを入れるというのが基本スタイル。

第二夜

ケラリーノ・サンドロヴィッチ

ケラリーノ・サンドロヴィッチ

劇作家、演出家、映画監督、音楽家。1963年生まれ。劇団「ナイロン100℃」主宰。1999年、『フローズン・ビーチ』で岸田國士戯曲賞、2017年、『キネマと恋人』上演台本で読売文学賞（戯曲・シナリオ部門）を受賞。近年はバンド「有頂天」も活動再開するなど音楽活動にも精力的。

無自覚が生む笑い

いとう　いとうです、こんばんは。「今夜、笑いの数を数えましょう」、第二回目のゲストは劇作家、演出家、音楽家でもあるケラリーノ・サンドロヴィッチさんです。

KERA　よろしくお願いいたします。

いとう　前回のゲストは倉本美津留さんだったんだけど、ダウンタウンの放送作家をずっとやっている倉本《くらもと》っちゃんは、実はモンティ・パイソン好きでラジカル・ガジベリビンバ・システムを観ていたっていう珍しい西の人だった。今日はケラリーノ・サンドロヴィッチならびに、KERAとして来てもらっているので、そのあたりの話も聞きたいなと思っています。

KERA　「ならびに」って俺は何人いるんだ？（笑）

いとう　今日はケラリーノ・サンドロヴィッチだと芝居でどう笑いを作って

いくのかっていう話を聞きたいし、その前にＫＥＲＡとしての話も聞きたい。無声映画のフィルムを集めてたのは中高生の時からだっけ？

ＫＥＲＡ　小学生の時にチャップリン[1]とキートン[2]のリバイバル上映があったんです。四年生の時にチャップリンの『モダン・タイムス』（一九三六年）を観てしまったのが運の尽きでした。それをきっかけにサイレント映画をむさぼるように観るようになった。それが十数年後に自分が舞台をやるようになったりする最初の直接的なきっかけかと。

いとう　で、ラジカルを観て、健康[3]を旗揚げするんだよね？

ＫＥＲＡ　そうです。シティボーイズ・ショー[4]がラジカル・ガジベリビンバ・システムになったのは知っていたけれど、僕は観に行ってなかったんですよ。有頂天[5]のライブにゲストでせいこうさんに出てもらって、その時の打ち上げで「宮沢章夫っていう天才がいて、いま一緒に舞台やってるから」って言われて、草月ホールに『スチャダラ』（一九八六年）を観に行ったんです。

いとう　無声映画から急にラジカルなの？　あ、その前にモンティ・パイソンがあるか。

ＫＥＲＡ　モンティ・パイソンは中一の時ですね。子どもには最初は笑えなかった。気持ち悪いし、アニメもグロテスクだし。

1　チャールズ・チャップリン。イギリスの映画監督、喜劇俳優。ドタバタ、ヒューマニズム、社会風刺など幅広い作風で喜劇王と称される。

2　バスター・キートン。アメリカの喜劇俳優。体を張ったスラップスティックなギャグで人気を博す。

3　劇団健康。ＫＥＲＡが一九八五年に犬山イヌコ、田口トモロヲ、みのすけらと旗揚げ。一九九三年に始動したナイロン１００℃の前身的劇団。

4　一九八三年に渋谷ジァン・ジァンでスタート。後にラジカル・ガジベリビンバ・システムへと発展。

5　ＫＥＲＡがヴォーカルを務めるバンド。一九九一年に解散後、二〇一五年に本格的に活動を再開した。

いとう　テリー・ギリアムね。[6]素直には笑えない、笑えない。

KERA　でも何本か観るうちに夢中になりました。それどころか、自分が最も好きな笑いの嗜好は、整理されているものじゃなく、混沌としたものやグロテスクなもの、ちょっとワケのわからないものにこそあるんだ、ということを認識し始めました。もう終わったはずのコントが背景に出てきたりするじゃないですか。

いとう　モンティ・パイソンのコントはどぎついし、彼らのイギリスの問題っていうのが背景にある。それを笑うのは日本人にはちょっと難しい。でも、僕もつなぎのあの妙にびっくりしちゃったんだよね。

KERA　実にかっこいい！

いとう　なんでそれをかっこいいと思うんだろう。ＫＥＲＡの言うように、一つコントが終わって、次の違うコントが始まっているんだけど、あいだに三つぐらい別のコントが挟まったりして忘れた頃にうしろのほうで何かが動いている。「あ、アレさっきのコントやってた人たちじゃん」っていうのは、その後のシティボーイズライブ[7]の構造と同じなんだよね。

KERA　いつ次のコントに移行するかわからないから緊張しながら見るんですよ。

いとう　それで違うコントになっていく。あれはモンティ・パイソンの天才

6　映画監督。代表作に『未来世紀ブラジル』など。パイソンズではアニメーター、俳優として参加。

7　ラジカル終盤期の一九八九年に三木聡を作・演出に迎え、大竹まこと、きたろう、斉木しげるの三人のみでスタート。後に中村ゆうじ、いとうといったゲストを迎えた公演を展開。

的な発明だったと思うんだよね。

KERA　だからラジカルを観て第一に思ったことは「あ、モンティ・パイソンをライブでやってる人たちがいる」ってことですよね。

いとう　あとルイス・ブニュエル[8]もいろいろ見た気がする。ラジカルはモンティ・パイソンとブニュエルなんですよ。

KERA　最後のほうのブニュエルでしょ？

いとう　そうです。なんか変なことをして、不思議なつながりを見せてくるおもしろさがあって、それを舞台でやりたかった。それがラジカルだった。

KERA　僕はラジカルの舞台を観ながら構成をメモってたもんね。

いとう　すごいねえ（笑）。

KERA　どんなことが起こるかわからないから、なんか「椅子取りゲーム」「自動販売機の前のきたろうさん」とかメモしたり（笑）。

いとう　家に帰ると構造がわかる？

KERA　帰ってから、メモを見ながら舞台を思い出すんですね。それをもう一回わかりやすく書き直したりして……なにをやってたんだろう。

いとう　ものすごい好きだったんだね（笑）。

KERA　ものすごい好きだったんですよ。それを友達に見せてもわかってもらえないわけだから、自分のためにやっていたとしか言いようがない

8　映画監督。シュールレアリスム、耽美的な作風で知られる。代表作に『アンダルシアの犬』『ブルジョワジーの秘かな愉しみ』『欲望のあいまいな対象』など。

（笑）。
いとう　で、笑ったは、笑ったんだよね？
KERA　笑いました、笑いました。でも、心の中で。あまり声を出して人の作ったものを笑うことはないですね。
いとう　僕は何回かしかKERAと一緒に芝居を観たことがないけれど、KERAがよく笑うのはブルースカイ[9]のやつだけだよね。
KERA　そうね。
いとう　僕も笑っちゃうんだよね、ブルースカイのやつは。ナカゴー[10]も結構声出して笑うんだけれど、ブルースカイのはあまりのバカバカしさに声が出ちゃうんだよ。KERAが笑っているのが嬉しかったもん。あいつのかわいさっていうの？
KERA　そうそう。**気がついてない狂気**っていうかさあ。
いとう　あるある！
KERA　偶然せいこうさんと一緒に観たナカゴーもちょっと無自覚なところがある。
いとう　無自覚ですよ。最初の頃はなんの照明設備もない会場でやっていて、その部屋の電気がついたら芝居が始まるみたいな感じだった。それでナカゴーを『いとうせいこうフェス』[11]に呼んだんですよ。そうしたら照明って

9　劇作家、演出家、俳優。一九九四年に「猫ニャー」を結成。現在の正式な名前はブルー&スカイ。ナイロン100℃・大倉孝二とのユニット「ジョンソン&ジャクソン」でも活動。
10　鎌田順也率いる劇団。二〇〇六年旗揚げ。
11　『いとうせいこうフェス～デビューアルバム「建設的」30周年祝賀会～』。二〇一六年九月三十日、十月一日に東京体育館で開催されたイベント。

いうものがあることに初めて気がついたらしくて（笑）。打ち上げの席で作・演出の鎌田（順也）くんが「照明ってものに挑戦したい」みたいなことを言ったのをチラッと聞いたの。

KERA　照明に挑戦！（笑）

いとう　どんなことになるんだろうと思って次の芝居に行ってみたら、一番前にレンタルしてきた工事現場の赤いライトがいくつもあって、芝居が始まるとものすごい点《つ》くから、めっちゃくちゃ暑そうなんだよ、狭いから（笑）。

KERA　（爆笑）

いとう　無自覚にもほどがある。

KERA　よその演劇を何も観てないんだね。

いとう　そうなんだろうね。そこがすごいなあと思って。

KERA　松本人志さんもそうだけど、僕らみたいにモンティ・パイソンを見て「こういうのをやりたい！」ってことなく、突然変異的に出てくる人たちがたまにいる。

いとう　いるんだよねえ。

KERA　二十年近く前、僕、笑いの講座を持っていたことがあったんだけれど、毎回二列目ぐらいですごい熱心にメモをとってる大学生がいたんですよ。それがブルースカイだったの。

いとう　はあ……何一つわかってないよ、アイツ。すごいもん。だって「ブルースカイ改名したんです」って言うからびっくりしたら「ブルー&スカイ」ってさあ（笑）。なに言ってんの！

ＫＥＲＡ　彼の初期の作品を観てて強く感じたのはそこですね。**無自覚なことがモノを作らせてる**んだなっていう。ブルースカイの前が「田中ブルースカイ」って名前で、ある時に「この田中っていうのは邪魔だと思うんです」って言ってブルースカイにしたんだから（笑）。

いとう　最初に気づきなさいよ（笑）。

ＫＥＲＡ　で、本名は後藤だからね（笑）。

いとう　そうなんだよ（笑）。お弁当作るのが上手だから、「劇団猫ニャー」を「演劇弁当猫ニャー」に変えて、本気でお弁当を仕出しで届けることで生計を立てていこうと思ったらしいからね。

ＫＥＲＡ　パッと聞くと、「劇団を辞めて、弁当屋になる」っていうのは壮大なジョークだと思うじゃないですか。この人すごいジョークを考えるな、と思ったんです。だけど「演劇弁当になるに際してちょっと相談したい」って言われて会ったら、鞄の中に弁当屋になるための本がいっぱい入ってた（笑）。

いとう　（爆笑）

ＫＥＲＡ　「おかずの卸しにここはどうだ」とか言って。俺、そんな相談乗りたくないよ！（笑）

いとう　わかるわけないじゃんＫＥＲＡに！　なに聞いてんの（笑）。

ＫＥＲＡ　もっと他に相手がいるだろ！

いとう　ホントだよ！　すごいなあアイツ。

ＫＥＲＡ　彼はライバルでありながらも、半分違う土俵にいる感じです。

いとう　応援したくなるし、嫉妬しようかなって思うこともあるけど、**この動物に嫉妬してもしょうがない**っていう感じはあるんだよね。

ＫＥＲＡ　今は僕よりもせいこうさんのほうがはるかにブルースカイへの執着がすごいから。執着っていうのもなんだけど（笑）。きちんと毎回観てるでしょ？

いとう　僕はあの患者さんが放っておけないのよね（笑）。どんな病状なのかってさ。ときどき素晴らしい時があるから、症状として。

ＫＥＲＡ　症状としてね（笑）。だから**無自覚なものは笑う**じゃないですか。たとえば、前回の倉本さんが言ってた「長いものは笑う」っていうのは、あの人の服ちょっと袖が長いとか日常でまず気づくことですよね。当事者に自覚はない。だからこそ面白い。そういう日常の無自覚なものと、無自覚になれない創作者は戦っていかなきゃいけないわけですよ。例えば、おもしろい顔には思わず笑っちゃうでしょ？「面白い顔をする人」じゃなくて「無自覚な、元々面白い顔」。なかなか手強いですよ。こうした無自覚に打ち勝つ、自覚的な笑いを作り続けるのは。

いとう　なるほど。

KERA　顔と言えば、きたろうさんってパッと見おもしろい顔じゃないけど、なんかえも言われぬ顔なんだよね。単に目が離れてるってことじゃなくて、なんでこんな表情するんだろうって顔するじゃないですか。

いとう　感情がわからない顔なんだよね。

KERA　これは無自覚とは違って、自覚はあると思うんですけど、その顔がまた、感情不明の台詞を発する。きたろうさんが言わないとおかしくないセリフってものがあるんですよ。

いとう　そうなんだよ！　僕は今日それを話したかったの。舞台をやる時って台本がきたら、それをまずパッと見るよね。僕はその作品の大体の構造を理解するのが早いんだけれど、自分のところだけじゃなく、人のセリフでもここと ここにギャグが入っているなって、自分なりに分析して読んでるのね。で、みんなで一回ちょっと読んでみようって本読みをする。その時に自分ではおもしろくないと思ってたセリフが、きたろうさんが読むと不思議とおもしろくなって、思わずみんな笑うんだよね。これはいったいなんだろう。例えば、誰かが演説した後に「あなたは本当に素晴らしい人だ」ってセリフをきたろうさんが言うと、その人のことをまったく素晴らしいと思っていない感じが出るんだよね。

KERA （笑）

いとう きたろうさんは自分のセリフを絶対におもしろくしちゃう何かがある。僕はそれを本読みの時に毎回勉強させられる。ここにギャグが埋まっているのをまた俺は見つけられなかったっていう。それがなんなのかがわからない。

KERA 声だけを聞くよりも、視覚的に顔と体の状態を合わせて見た方が絶対におかしいと思いますよ。きたろうさんで何度か笑わされたのは、場を切り上げて「もう帰ろう」みたいなことをボソッと言うひと言。そこにいるのがホント嫌なんだなって感じたりするとか、自分の損得で切り上げようとしているんだとか、そういう裏の気持ちがわかるんですよね（笑）。

いとう あれは芝居やセリフっていうものの妙というのかな。きたろうさんがいいとは、僕は弟子としてもけっして言わないけれども、あれができるかできないかで数倍の読み方ができるわけだから。人の話をじっと聞いたあと、「よくわかりました」ってセリフで笑わせられる人ってきたろうさんだけなんだよね。「よくわかりました」って言っているのに絶対にわかってないなってわかる。師匠は鉄板なんですよ。実は今も家の中でそういうセリフ回しで笑わせられるか何度も練習することがあるんだけど、確実にイケてるケースは技術的に五割いくかいかないかなんですよね。

KERA　「よくわかりました」ってセリフをせいこうさんが言ってるのときたろうさんが言ってるのではイメージが全く異なります。きたろうさんが言うと弱者が小狡く逃げようとしている感じがする（笑）。で、せいこうさんが言うと、「もう、いいです！」っていうニュアンスでなんとなく切り捨ててる光景が浮かぶ。僕の中にそういう脳内フレームが出来上がっているからかもしれないけど。

いとう　結局キャラクターの問題かな？　相手の言うことをかなり理解できてるみたいに思われがちな僕がいる。僕が「よくわかりました」って言うと本当にわかった感じになっちゃう。じゃあ、実はそう見えて頭の中が真っ白になってるんだってKERAが僕を演出しようとするとどうするの？

KERA　「その前のセリフをあまり聞かないでくれ」とかかな。その前の時間をちょっとぼんやりしたり、別のことに気が行ってる感じにしたり。きたろうさんは小さいじゃないですか。小さいっていうのも大きい（笑）。だから、他の人に高い靴を履かせて、せいこうさんを小さく見せるとかそういうことはあるかもしれない。

いとう なんか、**秀でてない感じを出す**ってこと？（笑）

KERA そうですね。やっぱり先入観があるからね。ラジカルを観てた時に、この人とこの人を入れ替えたらどうだろうとか考えながら観てましたけど、きたろうさんが一番入れ替えが利く。別のおかしさが出るんですよね。

いとう 「空飛ぶ雲の上団五郎一座」の時に僕はＫＥＲＡと一緒に演出してたけれど、ＫＥＲＡの演出を横で見ていると、「言い方を変えてみてくれますか」とか「ちょっとこっちを見て目線を外して言ってくれますか」みたいなことをすごい丁寧にやるでしょ。

KERA 別に家で演出プランを考えてくるわけじゃないんです。稽古場に来て、その場で見た芝居に直感的に指示をして試してみる。それでやってみてうまくいく時もあれば、うまくいかない時もある。

いとう きたろうさんのことで言うと、ＫＥＲＡんとこの役者さんで大倉孝二君と三宅弘城君は、ペラペラペラペラ自分で相手を説得しようとしゃべってるうちに、「あ、俺の言ってること間違ってるな」って急に気がついて、「あ、これ違いますね」って言って笑わせることができるタイプだと思うんだよね。そこで笑いが取れるか取れないかってあるじゃない。
KERA　ありますね。
いとう　三宅君と大倉君、きたろうさんもそれができるんですよ。自分の中に空白を持っておくというか。確信してるフリはしてるけど、ジーッと見ているうちに確信がすぐ揺らぐみたいな弱者ぶりとでも言うのかな。
KERA　大倉は比較的、俳優として隙がないですけど、三宅は動物的なところがありますね。例えば、得体の知れない何かが落ちていると、とりあえず拾って匂いを嗅ぐみたいな（笑）。セリフを言っていてもそういうトーンが出てくるんです。逆にそれがいらない時は、ちょっと力が必要というか。
いとう　どうするの？
KERA　そのシチュエーション次第ですけど、はっきりと言いますよ。「ちょっと三宅汁が出過ぎだから」って。
いとう　三宅汁（笑）。
KERA　「そんな動物じゃなくていい。もっと人間でやって」って。コントでは、あまり柄じゃないことをやることってないですよね。だからコントの人たちに演劇で柄じゃないことをやらせると、とたんに不器用になったりすることがある。

いとう　そうなんですよ。おもしろくなかったりして、笑わせられない。笑いの人間って、役者として魅力がなくなっちゃうケースがすごくある。

KERA　若いお笑い芸人を演劇で潰しちゃうのは簡単なんですよ。役者よりも幅が狭いから、勘所が限定されている。もちろん何回もやれば鍛えられていくんでしょうけれど、若いとまだ余裕がない。なにしろお笑いの人は、お客の反応がすべてなんですよね。受けるものだけが正解という世界なんですから。そこが演劇の人との一番の違い。良し悪しは別として、笑わせてなんぼのところで戦ってきた人特有の価値観が染みついてる。

いとう　芸人はやっぱり一発目のチャンスを取りたがる。コントをやっていても一番最初に客から受けたいわけです。でも、芝居を観ていていいなと思うのは、一発目はスルー、二発目もスルー、三発目でようやく笑わせてきたかっていう。もうこっちはニヤニヤしてるわけだけど、そういうのは芸人は生理でやりにくいですね。一発目を外すと、間が狂ってきちゃうと思う。客を殺す……殺すって僕は言ってるけれど、客を殺す間が外れちゃうんだよね。

KERA　やっちゃったって思いながら、次に行くのかな?

いとう　うーん、一発目でスルーする無欲がわからないっていう感じかな。逆に言うと役者はそれができるからすごいなって思う。食いつかないでいられる。平たく言えば、受けなくても平気なんだよね。俺たち芸人はもっと意地汚いから、ちょっとでもくすぐっておこうとか、ここでは笑わせないけど、あとで僕来ますからみたいな顔をしちゃう。

KERA　あ、「俺たち芸人」って、せいこうさんは芸人側なんだ（笑）。

いとう　僕は芸人としてのアイデンティティあるんだよね。でも、この場合は、役者としてそんなうまい人間じゃないって意味。

KERA　演劇は二時間とかあるけど、せいこうさんが言った一発目でってことで言うと、今はネタ番組とかは、ヘタすると二分とか一分半とかの世界でしょ。一つのツッコミやボケで何個笑いが取れるかっていう。徐々にという考えがあまりないいんじゃないいんですか。

いとう　確かにないですね。ジワジワでドッカーンみたいなものはなかなか点数が付かなくなっちゃった。それはコンテストのあり方で余計にそうなっちゃったんだけれど。

KERA　でも、ジワジワと段階を踏んで楽しみたいってのはありますよね。

いとう　そのほうが最後やられた時に腹の奥がひっくり返るよね。

KERA　僕、毎週一本別役実[12]さんの戯曲を読んでるんですよ。百何本かあるから三年ぐらいかかると思うんですけど、読み返している。すでにどれが

12　劇作家。日本の不条理劇の第一人者。代表作に『山猫理髪店』『月と卵』など。エッセイスト、評論家としても数々の作品を発表。

どれだかわからなくなってるけど（笑）。

いとう　基本はどれもすごい似てるからね。

KERA　別役さんのホンのすごいところは、ほぼワンテーマで、ホントにさりげないところから入ってくる。よく演劇でも映画でも最初にシノプシスくださいってプロデューサーが言うんですけど、別役さんの作品はシノプシスなんて作りようがない。男一がいる、そこに女一が来て、お茶を飲みながらとりとめもない話をして、最後は男一が人を殺していたことがわかり暗転、みたいな話がほとんどなんです。

いとう　すごいなあ。

KERA　くすぐりはあるものの、初めて読んだ人がそこを笑っていいんだって確信するまでに原稿用紙で二十枚ぐらいある。別役さんはかつて、三木のり平さん主演で『はるなつあきふゆ』（一九九三年）って作品をやっているんだけれど、別役さん自身が、「自分の戯曲を演じるのに最も適しているのはヴォードビリアンだ」と書いてるんです。ニヤニヤからクスクス、クスクスからゲラゲラ、ゲラゲラから最後引きつるような笑いになって、抱腹絶倒になる、その段階を表現できる存在はヴォードビリアンだけだって。

いとう　全体を見渡して最後笑わせていくその構想力がいまは難しくなっちゃってるんだよ。もちろん我慢強いコントの人も出てきてるけど。

KERA　そうですね。お笑いの芸人がやると、まだいいよってところで突っ走っちゃうところがあるし、新劇の役者がやると、最後の狂騒的な部分までたどり着けない（笑）。

いとう　一時、別役さんの作品を真面目な方々が……真面目な方々がやるのはいいんですけど、「このセリフ、もっと笑わせてほしいんだけどなあ」って思いながら観ることはとても多かった。だから別役さん自身が僕たちに近づいてくれた時はすごい嬉しかったな。「やっぱりコントは素晴らしいよ！」とか言ってさ。

KERA　ですね。喫茶店で三人で話してる時、別役さんが卵サンドを食べてるんだけど、卵が歯と歯の間からボロボロと落ちてる（笑）。せいこうさんが「別役さん、卵が落ちてますよ」って言ったら「あ、きょう差し歯をしてくるのを忘れてしまった」って（笑）。

いとう　やっぱり無自覚な人なんだね、あの人は（笑）。

KERA　あの時、急に距離が縮まった感じがしたんです。

いとう　かわいい人なのよ。

舞台だからこその笑い

いとう　きょうＫＥＲＡに演劇のことで聞こうと思っていたことがあって、セットの動きとか、暗転の仕方にももちろん笑いがあるわけだよね。舞台に立つ人間がすごくいい芝居を自分でしていると思っているところでわざと暗転しちゃう時のおかしさとか、メタレベルというかいろいろなレベルで笑わせられるでしょ？　そういうのは書きながら思いついてるの？

ＫＥＲＡ　大方そうですね。でも、意外と難しいんですよ。実際にやってみないと最終的にはわからない。劇場によって機材が違っていたりするんで。「ここの劇場は最新型の照明機材ですから」って言われて、それはよかったと見てみると、笑えない消え方しかできなかったりする。

いとう　すごいね、**笑えない照明**がある！（笑）

ＫＥＲＡ　ジワジワとだらしなく消えていってほしいのに、すごくきれいにスーッと暗くなって、最後ふっと消えたりする。この消え方しかできないんだったら、この消え方に合わせた演出にしないといけない。でも、機材って劇場に入らないとわからなかったりするんですよ。最新鋭の機材だからといって笑いに奉仕してくれるとは限らないんです。だから、どんどんいろんな照明だの映像だの要素が多く入ってくるにしたがって、そういうめんどくさいことが増えてきましたね。

いとう　それって劇場に入って、小直しするわけでしょ？　きれいな消え方しかできない時に、そのシーンで残酷さや粗雑さのおもしろさがほしい場合はどうすればいいの？

KERA　場合によっては古い機材を吊って対応したり、時間がない時には初日はここで笑いを取らなくていいから、みたいなこともあったりする。他にも、ちょっと空調のノイズが気になるとか。笑えないとは言わないけれど、絶対にここは完全にシーンと静まってたほうがおかしいんだとかね。

いとう　シティボーイズの「毛皮男たち」[13]ってコント観たことある？

KERA　もちろん。

いとう　「気温二十二度」とスクリーンに最初に出て、僕が半袖を着てバス停で待ってると、毛皮を着た男たちが出てくるっていう。

KERA　名作コントじゃないですか（笑）。

いとう　あれは、舞台の笑いとして特徴的だと思うんですよ。テレビだと、笑うタイミングを僕が作らなきゃならないでしょ。つまり僕が気づくタイミングで笑わせる。舞台の場合は、袖から出てきたのを見つけた順番で客が笑っていくわけ。リアリズムで言えば、僕が客から教えられるわけはないのに、客の笑いに合わせて、自然に「ん？」って袖を向いてびっくりすればい

13　一九九七年、シティボーイズ・ライブ「NOT FOUND　あるいは、レイヴ・ウィズ・ザ・キャッチボールシスターズ」で上演されたコント。

い。舞台だからこそできる笑いなんですよね。

KERA　お客さんはみんな他のお客さんの反応も聞いているわけだから、役者は聞こえていない体《てい》ではいるけれど、実はそれを利用していくというのはありますね。でも、それは稽古場だと気づかなかったりする。

いとう　そうなんだよ。

KERA　初日は特別かもしれないから、二日目まで様子を見て、お客が笑ってることのほうが大きな現象だから、そっちを取りましょうってなることはよくあります。

いとう　そういう時、むしろ**こっちが芝居をしちゃダメ**なんだよね。僕が先に見ちゃったりすると指定されちゃうから、お客が自然にジワジワこなくなっちゃう。視線の先を見たら変な人がいましたでは、普通じゃんって思う人もいるかもしれない。それよりも夏の服を着ているところに毛皮を着た人、しかも斉木（しげる）さんとかが妙にいい顔して出てきたら、そっちに気づくじゃないですか。

KERA　だから演劇の演出でそんなに笑いに慣れてない人に幕が開いてから言うダメ出しで多いのは、「**あそこもうちょっと待って**」ですね。

いとう　反応を？

KERA　そう。例えば、『陥没』[14]って芝居では、生瀬（勝久）さんと小池（栄子）が夫婦で、生瀬さんが隠れて財産を使い込んでたりとけっこうひどいことやっている。それがバレて家を出ていかなきゃいけないんだけど出て行きたくないという設定だったんです。生瀬さんがなぜか逆ギレしてデタラメな理屈をひとしきり語る。それに対して小池の「何言ってるの？」ってツッコミで笑いが来るんだけど、あまりのデタラメさにすぐに返すんじゃなくて、呆気に取られてる時間を少し取って、そのあげく「……何言ってるの？」にしてくれと。でもね、若い連中はそういう世代なんですよ。テレビを見ていても、笑いはスパンといかなきゃいけない感じになっている。

いとう　ツッコミが鋭くないと、ってことなんだよね。

KERA　ヘタすると相手のセリフ尻を食うぐらいに入ってくる。でも、そこは待ったほうがいいんだよって（笑）。

いとう　それはホントよくわかる。本当にびっくりして間を持って「……何……言ってるの？」って言う時の自分はつっこんでるんだけど、ボケてもいられる。だって混乱させられているわけだから。

KERA　八〇年代ぐらいからかな、ある時期からボケとツッコミという役割分担が一般の人にも浸透してきて、ヘタすると自分のライフスタイルを「私はボケだから」とか言ったりするじゃないですか。

14　二〇一七年二月に上演されたKERAの作・演出作品。東京オリンピック開催に翻弄される人々を一九六三年の東京を舞台に描いた。

いとう　**素人のクセしやがって！（笑）**

KERA　前回の倉本さんとの話でもありましたけど、芸人たちのツッコミもものすごく多様化していて、日常レベルで自分たちの雑談から派生して、生活に応用している現実があるわけです。その前提で演劇に臨んで来られると、ちょっとめんどくさいんだよね（笑）。「ここはノリツッコミでいきましょうか？」とか言われるとさあ。

いとう　言いそう（笑）。

KERA　昔の三宅とかがオーディションで入って来た頃のほうが素直に「ここちょっと驚いて」とか。

いとう　三宅君の「ええーっ！」みたいなね（笑）。ああいうのはヤらしい人がやったらヤらしいんだよ。三宅君がやるとなんか笑っちゃうんだよね。

KERA　昔は三宅なんかには「もっと驚いて」とか、なにかと「もっと！もっと！」って言っていたけれど、今はあまり言わなくなりましたね。

いとう　それはくどくなっちゃうから？

KERA　なんかおもしろくなくなっちゃう人が多いんですよ、わざとらしくなっちゃって。きっと「ここはノリツッコミですか？」って言うようなテクニックのライブラリーが自分の頭にしっかりあって、それを使いこなせば笑いはなんとかなると思い込んでいる人たちには、**混乱している状**

態をもっと作ることのほうが大切な気がします。半分しか理解してなかったり、理解できる状態じゃなかったり、そういう状態のリアリティを作っていく。

いとう　そこが素晴らしいんだよね。**相手がまったく理解できてない時ってホントおもしろい**ものなんだよね。しかもこれはさ、愚かだからってことではなく、あまりに理解してないすごさにむしろ感動すら覚えるっていう。全然わかってないかわいさっていうか、子どもに対しての気持ちっていうのかな。そういうのを三宅君は作るのがうまいんだと思うな。

KERA　さっきから三宅を動物的、動物的って言ってるけど、無自覚ってことで言うと、犬や猫の芝居は無自覚だから、自分が映画出てるとかテレビ出てるとか知らないでやってるでしょ。

いとう　そりゃそうだよね（笑）。

KERA　動物はふだんと一緒だから、太刀打ちできない無自覚さがあるじゃないですか。その次が子役。日本の子役はダメですけどね。日本の子役はオーディションでも自己紹介からのパッケージができあがっていて、コイツいいなって思う子役も、本番までのあいだに何個かしかないセリフを徹底的にお母さんに演出されてくる。**人間、リセットするのが一番**

難しい。

いとう　なるほどね。

KERA　でも、外国の子役は演技もうまいし、ちょっと大人にはできない感覚でそこにいる。子どもが笑いを生み出す瞬間でうまくいく時というのは、なんか半分無自覚なんじゃないかなって見えるんですよね。三宅はそれに近いところがある（笑）。

いとう　子どもなんだ（笑）。

KERA　彼は宮沢さんに雑誌で「バカなんじゃないか」と書かれたことがあって（笑）。三宅を評して「バカ力《りょく》」みたいな感じで。

いとう　三宅君の「バカ力」はすごいよ。

KERA　混乱状態の説得力は大きいですよね。怒ってる人も、混乱が大きいと笑える。ダウンタウンの初期の漫才ネタの「クイズ」とか「誘拐」とか、あの辺のを見るとすごくわかりやすいんだけど、浜ちゃん（浜田雅功）の混乱した状態でのツッコミは、混乱してない人があんなツッコミをしたら怖いだけなんだけれど、混乱して振り回されているその振り幅がすごく広いから思わず感情移入するわけですよね。演出家は、こうしたことを、俳優それぞれの柄に合わせてアドバイスしていかないといけない。怒るのとツッコミを混同してる俳優はいまだに多いです。ただ怒ったり叱ったりしたって笑いは起きない。それが正論ならなおさら。つっこむ時の「状態」には無数のパターンがありますからね。

いとう　基本的に今の人たちはツッコミを笑わせるタイミングだと思ってるけれど、ホントは主になんの機能があるかというと、**そこまでの状態のまとめなんですよね。**「そんなわけないだろ！」というのも、それは現実的ではないっていうまとめなんです。このまとめてしまうことが、芝居の中で現実的な日常をやりたい時に、人は現実をまとめないでしょってことで。ツッコミは昔の芸人に言わせれば基本的に筋を運ぶためのものであって、そこで笑わすという意識ばかりじゃなかった。だからまとめちゃったらおもしろくない。ただ、きたろうさんは小さいし、三宅はバカだからおもしろいっていうまとめはね。

KERA　身も蓋もないけどね（笑）。

いとう　ダウンタウン浜田が混乱しているからおもしろいっていうのは、**立場が上の者が上からモノを言ってもちっともおもしろくない**ってことだよね。

KERA　立場の上の人はバカでいてくれないと（笑）。社長シリーズ[15]の森繁久彌[16]さんみたいに、すごく姑息で必ず奥さんに浮気を見つかっちゃうとかね（笑）。ツッコミがまとめであるというのはそうだと思うんですけど、九

15　一九五六年から一九七〇年まで製作された喜劇映画シリーズ。社長役の森繁久彌のほか、三木のり平、フランキー堺らがレギュラー出演。

16　俳優。喜劇からシリアスまで幅広く活躍。「知床旅情」をヒットさせた歌手としても知られる。

○年代かな、今ほどお笑いの世界でツッコミが多様化する前に、その頃はエチュードで台本を作ったりしていたんですけど、「アドリブでつっこんでみて」と言ったら、なんにでも逐一つっこむわけです。でも、日常でこんなにつっこむ奴はいないぞと思って、そのツッコミ役の方が立場が下の役だったから、三つ四つ我慢させてから「さっきからアンタさ！」って切り返したら爆発的に可笑しかった。

いとう　相当切れてからつっこんだわけね。

KERA　それは当時の芸人ではあまりなかったんです。最近は増えてきましたよね。あえてボケをつっこまずにスルーするテクニック。お客さんに先に気づかせて楽しませる。

いとう　裏の裏をかくってことだよね。これは絶対につっこんでくるなって、お客にはフラグが立ってるわけ。それで見逃させておいて最後にデカいのに行くっていうのまで飲み込む今の漫才とかコントの何組かはほんとすごいね。

KERA　モンティ・パイソンの「チーズショップ」という名作スケッチがありますよね。チーズ専門店で「このチーズくれ」「このチーズくれ」って言うんだけど、どれも売り切れだとか、いちいち理由を付けて、チーズならなんでもありますと言っているのに何もないっていう。で、冒頭から店のカウンターの奥で、その後ろで妙な踊りを踊っている人達がいるんだけど、何にも触れないんですよね。で、最後にチーズがないことに業を煮やしたジョン・クリーズ[17]が、チーズがないことに怒るんじゃなく、後ろの人々に向かって「その踊りをやめろ！」って怒鳴る。あれはおかしかったですね（笑）。

いとう　ダムに溜まっている水がザッとくる時の快感だよね。デカい笑いを生むための大事なポイントだよね。

KERA　観てる人もその踊りがなんなのかずっと気になっているんですよね。またそれが気味の悪い踊りで、クリーズがずっと我慢していたってことが伝わる。絶品でした。気持ち悪いことにずっと我慢していたってことが全部わかるじゃないですか、そういうおかしさですよね。

視線が誘導するおかしさ

いとう　シティボーイズの「五人姉妹の物語[18]」ってコント観たことある？

KERA　座布団ひっくり返すヤツですよね。

いとう　座布団ひっくり返すと男と女が逆になる設定で、暗転ごとに子どもも演じたりして、僕らが十人を演じ分けるコント。お盆に五人姉妹のところに旦那さんも連れてきてあれこれあるわけです。僕は末っ子の四季子って役

17　「シリー・ウォーク」（バカ歩き）のスケッチなどで知られるモンティ・パイソンのメンバー。パイソンズ作品のほかTVシリーズ『フォルティ・タワーズ』なども手がけた。

18　一九九五年、シティボーイズライブ「愚者の代弁者、うっかり東へ」で上演されたコント。

なんだけど、あるお姉さんの旦那さんが、かつて別のお姉さんのことが好きだったという噂話をお姉さんたちから聞く。当のお兄さんが部屋に入ってきた時に、僕は「そういう話を聞いたけど、ホントなの?」って聞く。もうひとつぐらい質問があって、一度「やめなさいよ」って止められた時に「だって聞きたいでしょう!」って言うのね。僕としては普通の反応の素直なセリフなんだけど、やたら受けるんだよ。

KERA　おかしいですよ(笑)。

いとう　それがね、今までのコント人生の中で、普通は芸人根性で受けると翌日はもうちょっと強く言ってみる。そうすると、だいたい笑いも強く返ってくる。だけど声の大きさって、ある程度まで上にいっちゃうと意味が変わって、怒ってるように聞こえたり、一生懸命に見えてしまったり、**笑いの天井がある。**でもこのコントだけは、毎日毎日もっとでかい声でやっても受けたんだよ。なんでだろうと思ってずっとわからない。なんで、これ?

KERA　それは意外性のセリフではないから、感情移入じゃないですか。

いとう　あ、みんなも聞きたいという?

KERA　「だって聞きたいだろ!」よりも「だって聞きたいでしょう!」のほうがおもしろいもん(笑)。

いとう　それはセリフのトーンみたいなものかな？
KERA　でしょうね。上からじゃないしね。
いとう　同意を求めるセリフだもんね。
KERA　**同意を求めることはおかしい**んです。自分の主張というよりも自分のほうに引き寄せようとする感じっていうのかな。柄本明さんと誰かが会話をしていて、僕が横にいたことがあったんです。相手がそう思ってないようなことを柄本さんが散々話しながら「そうだよなぁ、KERA？」って全部俺に振ってくる（笑）。どうしたらいいのかわからなくなっちゃう。そういうのを参考にして台本を書いたりしていましたよ。もう飽きたけど、一時期**「なんで俺を見るんですか」**ってセリフが多かったです（笑）。
いとう　その視線はおかしい！　なんで「見る」っておもしろいんだろうね。シティボーイズのコントで大竹（まこと）さんがきたろうさんの悪さを見逃してるんだけど、さすがになんなんだとなった時に「まったくなあ」って感じで大竹さんがきたろうさんを見るの。その大竹さんの視線で客が笑ってる間に自然に僕ら全員も「まったくなあ」って見てるんだよね。見ることで笑いが何割か足される。客の一部は僕のことも見るし、（中村）ゆうじさん[19]のことも見て笑いが増幅する。だから、芝居の中で何もしない人でもちゃ

19　俳優、コメディアン、パントマイマー。コントグループ「東京バッテリー工場」を経て、ソロで活動。パントマイムと笑いを融合させた「ギャグマイム」で独自の世界観を構築。FUNKY　KING名義でミュージシャンとしても活躍した。一九八四年からシティボーイズ・ショーに参加。

んと笑いを足すことができることってあるわけです。

KERA　ありますね。

いとう　逆に客の笑いにのっかっていかずに下なんか見てると、それが増幅しない。だから「見る」ってすごく強い表現なんだよね。

KERA　そうなんですよ。例えばセリフの途中で見るのか、セリフが終わってから見るのか、笑いはそのタイミングで大きく変わってくるんです。そんなことあんまり意識していない役者は多くて、とてももったいない。なんとなくその時の生理でやっているから「さっきは言い終わってから見たじゃん、あれ面白かったよ」って言うと、きょとんとして「そうなんすか」みたいな（笑）。ヘタにツッコミを入れるより気づくだけのほうがおかしかったりするから。

いとう　そうなのよ！

KERA　きたろうさんと斉木さんが、どうでもいい愚にもつかないようなことをやっているのに大竹さんがつっこむよりも、そのやりとりをしている二人がふと大竹さんを見ると、大竹さんが無言で二人を見てた、みたいな（笑）。

いとう　そのほうが面白いもんね（笑）。大竹さんはしばらくしたら自分の仕事にふっと戻って、二人があたふたする、みたいな。さっき言ったように、ツッコミってまとめだから、言葉でつっこんじゃうとそこで**客にとっての想像力はもうなくなっちゃう**わけ。いろんなやり方でお客さんはセリフのニュアンスを感じたりしてるのに、口で言っちゃうとちょっともったいない時がある。そこは読んでいたものをパタンと閉じるとか、クルッと椅子を回すとか、カーテンを開けるとか動作のほうが面白い。それが**芝居の笑い**じゃない。

KERA　特に笑いを意識している若い人のお芝居は、これをわざわざつっこむのかってことが多いですね。つっこまなくたって、観てる人はわかるよっていう。

いとう　そうそう、わかるんだよ。芝居というのはその視線の誘導をやってるわけでしょ。ちょっとでも動いた人をお客という動物は見るからね。

KERA　視線で難しいのは映像化するときですよね。自分の舞台をDVD化する時に、あらかじめ編集したものを一度見て、それに意見するんです。舞台の編集術の基本にアクションつなぎというのがあって、大きな動きでカットを変えろっていうことを編集術の初歩として教えられるわけです。でも、ある状態があって、そこからこの結果になるのがおかしいわけだから、そこでカットが変わっちゃうと、作為的になってしまう。

いとう　動く前にカットが変わると作為的になるってこと？

KERA　もしここでカットを変えるなら、笑いのポイントの何秒か前に変えてしまってくださいってお願いします。カットが変わるってことは、サイズを変えるにせよアングルを変えるにせよ、演出になっちゃうんですよ。ここで変化がありましたってことをことさら提示しちゃうから、その笑いにとっては余計なんですよね。確かに編集術としては、動きのあるところでカットを変えるのは美しいつなぎなんです。でも、笑いにはつながらないことが多い。他にも、大切なリアクションが切れちゃってるとか、なぜかアップにしちゃってるとか。その場面で見せたいのはそこじゃないんだよっていう。

いとう　つっこまれてる側の顔がいいの……俺しゃべりが欽ちゃんになってるけど（笑）。大将が……僕は萩本さんを大将とかいう関係じゃないですけど、大将が『欽どこ』[20]をやっていた時代のカメラマンにすごい話を聞いたことがある。ＫＥＲＡが今話したことにも通じることだけど、大将は反応があったら僕を撮らないでって言うんだって。「そこで僕を撮っちゃダメなの」ってもう一回やらされる。結局、欽ちゃんが何か言ったら、言われた側の反応を撮れと。**ツッコミが面白いんじゃない、反応の方が面白いんだって。**

KERA　それはもう、発明だもんね。やっぱりあの人すごいよ。

20　『欽ちゃんのどこまでやるの！』。一九七六年からテレビ朝日系で放送された、ホームドラマ形式のバラエティ番組。

いとう　おそらく、あの人はコメディのカメラ割りを一回全部作ったんだよね。有名な話だけど、スタジオの収録でお客の後ろ頭をなめて撮る、つまりテレビで見ている人がその後ろ頭の延長が自分なんだと思えるようにしたのは、欽ちゃんの発明。欽ちゃんは何ヵ月かテレビ局に住み込んでた時期があって、いろんなスタジオに行っては後ろからカメラマンの撮っている画をずっと見てたんだって。つまり笑いを撮るって難しいんだよ。特に舞台を撮るっていうのは。

KERA　難しいですね。すごく胃が痛くなります。舞台の稽古は念入りに一ヵ月間するから、他のスタッフとも共有するものがたくさんあるんだけど、撮影者とはたいして打ち合わせしないから、意図をすべて共有するのは不可能に近い。例えば最近映像をチェックしてた舞台に、こんなシーンがありました。舞台上には女優さん一人しかいなくて周りには酒瓶がいっぱいカウンターに並んでいる。彼女は部屋に入って来てすぐ、カウンターの酒瓶に目をやる。酒に薬を混入しようと思いつくんですね。このシーン、僕の気持ちとしては、そこで彼女が何を見たかという物を映したい。でも、舞台の中継だと、撮影者は物撮りなんて基本的に考えてないから酒瓶のアップなんて撮ってないし、撮ろうとすら考えない。だから、彼女が何を見たかがわからないんですよ。結局引きの画を使うしかない。でも引きになると目線の動きもよくわからないから、諦めざるを得ないんです。映画だと自分が監督だから「これ撮っといて」って言えるんだけど。ここ二本連続してチェックして、なんだか芝居を一本作ったような徒労感があります。大変だった。

いとう　しかも素材がない中でベストを尽くさなきゃいけないから辛いよね。撮ってないんだから。

KERA　今からでも撮りたいって気持ちになる。どこかにないかなって(笑)。

すべてを破壊する力

いとう　話は戻るけど、KERAは最初無声映画から入ったんだよね。動きの笑いで笑ったのが初期衝動になって、今はセリフ劇で関係の笑いになっている。その辺の心境の変化はどんな感じだったの?

KERA　どうなんだろう。キートンみたいに動ける人はいないし、チャップリンみたいにパントマイムできる人もそんなにいない。その方向でいくと、常に中村ゆうじさんの舞台をやるしかなくなる(笑)。自分でもよくわからないんです。今でもサイレント期のスラップスティック・コメディは大好きだし、よく見返すけど、自分で創ろうとは考えたことがないなぁ。でも、映画の最後が墓石のアップで終わったりする、キートンの悪夢感みたいなものが自分の笑いの嗜好の根底にあるのは間違いないですね。

いとう　なるほど。だって、キートンはとにかく暗いもんね。顔が常におばけみたいな感じがする。

KERA　キートンは幼い頃、やはりヴォードビリアンだった父親に「演者が笑っちゃうと見てる人が笑わないから絶対笑うな」とキツく言われたらしくて。そこからストーンフェイス、ポーカーフェイスが生まれたっていうけど、長く見てるとマイナス要素もあるんじゃないのって思うこともある。いくらなんでもここは笑ったほうがいいんじゃないか、ちょっと気持ち悪くないか、ここで反応しないのはどうなんだろうって。俳優として相当の制約でしょ、笑いを封じられるって。ただ、だからこそ生まれただろうキートンの不気味さにはかなり影響を受けていますね。キートン以外ではモンティ・パイソンのグロテスクさ、マルクス兄弟[21]の過剰さの怖さですね。マルクス兄弟は主に一九三〇年代前半です。『我輩はカモである』が三三年で、そこがピークと言われてるけど、その次の『オペラは踊る』は三五年です。昭和十年くらいだから、日本ではエノケンが映画に進出した頃ですよ。当時のエノケンとマルクス兄弟を見比べてみると、マルクス兄弟がちょっと異常だったとはいえ、どんなにエノケンがパワフルだとかハチャメチャだと言われること

21　アメリカのコメディ俳優。五人兄弟のうち、チコ、ハーポ、グルーチョ、ゼッポの四人で活躍。『オペラは踊る』（一九三五年）からはゼッポが脱退し、三人で活動。

をやっても、マルクス兄弟と比べるとはるかにのんきに見えちゃいますよね。マルクス兄弟はとにかくすべてを壊す。

いとう　ビルひとつ平気でなくなるからね。ビルの壁に手を置いて誰かを待ってるんだけど、その手をすっと離したらビルがブワーッて倒れるとかって、とんでもないよね。

KERA　マルクス兄弟は自分たちが困ろうが何だろうが壊していくのがすごい。結局、自分たちも害を被るんだから（笑）。

いとう　確かにそう。『我輩はカモである』も最終的には戦争だからね。しかも自分の味方を撃っちゃったり、バンバンやってるもんね。

KERA　アナーキーというしかないですよね。

いとう　破滅型。

KERA　マルクスのそういう自虐的な感覚にはかなり影響されたと思います。**他人を笑うのみならず、自分をひっくるめて笑いのめす**って感じかな。そういうことを僕は中学生の頃にパンクよりも先に味わっちゃった。「最近セックス・ピストルズとかいうのが出てきて過激だと言われてるけど、なんかロックの人たちはちょっと生ぬるいんじゃないの?」って（笑）。

いとう　安全ピンとか刺してるだけじゃんって（笑）。

KERA　そのうちJAGATARA[22]とかが血だらけになったりしてて、お！　なかなかいいかもしれないって。
いとう　江戸アケミはなかなかやるなって。
KERA　キートンは首の骨を折ったりしながらやっていた。やっぱり狂気ですよね。
いとう　それはホントに狂気だよね。
KERA　マルクス兄弟はトリオの強さもあると思いますね。三人の力学の面白味が加わる。グルーチョもデタラメだけど、最初は日常的な世界から導入するんですよね。あくまでも口先のジョークから。そこにチコっていうちょっとグルーチョよりも判断力のない男が現れて、最後に加わるハーポはもう気が狂ってる（笑）。
いとう　すべてを壊すだけ（笑）。
KERA　相手を貶めるのも味方を貶めるのも同等みたいな。
いとう　で、ニコニコ笑ってる。
KERA　なのにチコはハーポに同意するようなとんちんかんな返しをグルーチョにする。それに対して観客と同じレベルでグルーチョが憎まれ口というか嫌味を言う。やがてそれがエスカレートしてくると、グルーチョが最初に口にしたジョークが現実のものとなり、文字通りすべてが破壊される。

22 江戸アケミを中心に結成し、八〇年代に活躍したファンクロックバンド。

で、最後には一番やけくそになってるのがグルーチョだったりするんですよ。踊っちゃってたりして（笑）。ホントのやけくそっていうか、めちゃくちゃな笑いの爽快さっていうのはこういうことなんだっていうのをマルクス兄弟が教えてくれた。

いとう　そうだよね。マルクス兄弟を通らないわけにはいかない。僕もやっぱり、笑いとしてはモンティ・パイソンよりマルクス兄弟に圧倒的に影響を受けてるし、『マルクス・ラジオ』[23]って三〇年代のアメリカのラジオショーの脚本集を日本語で分かるように全部訳したのも、彼らはいったい言語的にはどんなギャグを言ってるのかが気になったからなんだよね。訳していて、僕はホントにマルクス兄弟が好きだって再認識しました。グルーチョが探偵事務所に入ってきて、チコがボーッとしていて、「お前、今の今まで何してたんだ」って言ったら、「髭を生やしてました」とかさ（笑）。いいギャグだよなあ。当時のアメリカのギャグ作家たちは小賢しくない、何か普遍のかわいさとデタラメさを書いてたんだよね。

ＫＥＲＡ　そうですね。マーガレット・デュモン[24]という『マルクス兄弟デパート騒動』（一九四一年）までグルーチョの相手役をずっとやっていた、日本だと池谷のぶえ[25]じゃないかという名コメディエンヌがいて。彼女はひどい目に遭わされたり、ひどいこと言われるだけなんだけど。

23　一九三二〜一九三三年に放送されたマルクス兄弟のラジオ番組脚本集。一九九五年にいとうの監訳によって出版。

24　マルクス兄弟の作品に脇役として多数出演したアメリカの女優。

25　女優。ブルースカイらと一九九四年に「猫ニャー」を結成。ＫＥＲＡ作品にも多数出演。

いとう　でも常に「あーら、何かしら？」とかお上品なんだよ。そこがまあ池谷さんなんだけどさ（笑）。

ＫＥＲＡ　デュモン含め、周囲の人たちはリアクションする時間を一瞬しか与えられてないのが面白いですね。グルーチョみたいに、あれだけ迷惑なやつがいたら、普通だったらそのリアクションをしっかり見せるじゃないですか。でも全部カット。一言のセリフもなく、ギョッとした顔で見るアップとかだけ。で、次のカットになるとそれはもうなかったかのように次のジョークに行く。

いとう　自分のギャグをとにかく撮ってくれという状態がまかりとおってたんだよね。

ＫＥＲＡ　あの潔さは気持ちいいです。今はそこで何かちょっと足踏みしてしまうような笑いが多い。

いとう　やっぱり説明になっちゃうからね。そこのコンプライアンスはもういらないということでしょ。

ＫＥＲＡ　ここを片付けておかないとお客が気持ち悪がるんじゃないかとか考える人が多いんですかね。そうした判断もスピードとの駆け引きで、マルクス兄弟はスピードをとった。

いとう　あ！　もう一時間半経っちゃったよ。最後にこうだと人は笑うっていうのを一個ずつ出して終わりにしましょうか。僕はね、**急に誰かが日に焼けてると笑う。**なんかおかしいんだよね。

KERA　逆はあんまりおもしろくない。

いとう　それは「顔色悪いね」になっちゃうからね。日焼けしているということは、何か楽しげなことをしてたんだなという、なんてことない何かがおかしみを生む。その日に焼けてる時間は無防備だったんだろうなとか想像しちゃう。

KERA　さっきも話したように僕は別役さんをずっと読んでいて、さんざん言ってることだけど、改めて**「論理的健忘症」**という状態をあげておきます。僕は個人的に別役さん戯曲推進運動をずっとやってるんですが、自作のレパートリーに別役実パスティーシュシリーズっていうのがあるんです。

いとう　いいねー。

KERA　別役実の模倣をひたすら繰り返す。別役さんが書いたホンだと間違われるのが目標(笑)。別役さんの登場人物、もっともらしい理屈ばかりを言うんだけど、**一番大事なことがお留守**なんです。延々と医学の話をしてる人が、心臓移植の話になって、「なら半分だけ移植すればいいじゃないか。半分はダメなのか」って言う(笑)。専門的な医学を散々話してた人が、心臓は半分では移植できないことを知らない。別役さんの芝居の中の事件はスケール感もおかしくて、以前僕も演出させてもらった『病気』[26]って芝居は、小林克也[27]さんがパンツ一丁になって、他の服を全部持っていかれちゃうのが劇中最大の事件（笑）。次のナイロンの公演[28]ではそんな別役戯曲の面白さをずっと考えて一本の芝居を作ろうと思ってます。どうも台本を書いていると世界を大きく、広く、書きがちなんだけど、できるだけ今度はミニマムに書いてみたい。と言うわけで、改めて、効果的な「論理的健忘症」について考えてます。

いとう　どうずらすか、どう忘れるか。役者としてはすごい楽しんでやれる。それはチャレンジだね。

26　一九九七年に青山円形劇場で開催された「青山演劇フェスティバル　別役実の世界一九九七」で上演されたKERA演出による別役実作品。

27　ラジオDJ、ナレーター、俳優。桑原茂一とラジオ番組『スネークマンショー』をスタート。「スネークマン」の名称は小林の干支がへび年であることから命名された。音楽番組『ベストヒットUSA』司会のほか、ザ・ナンバーワン・バンドではミュージシャンとして活躍。

28　二〇一七年上演、ナイロン100℃『ちょっと、まってください』。

第三夜
バカリズム

バカリズム

お笑い芸人。1975年生まれ。1995年「バカリズム」を結成。2005年12月よりピン芸人として活動。現在、テレビ番組を中心に活動するかたわら、定期的に単独ライブも行い人気を博す。その他、ナレーションや役者、脚本など多方面で活躍中。

不条理な笑いと狂気の線

いとう　いとうです、こんばんは。「今夜、笑いの数を数えましょう」、第三回目となる今回のゲストはバカリズム・升野英知さんです。

升野　よろしくお願いいたします。

いとう　升野とはかなり長い付き合いだけど、笑いそのものについてきちんと話したことはないよね。

升野　いとうさんに限らず、僕自身が芸人さんとあまりそういう話をしたことがないんです。基本的に自分の頭の中で消化することなんで。だからきょうは一時間や二時間じゃ足りない、結構壮大なテーマだな、と思って来ました。

いとう　僕はバカリズムがコンビだった頃から知ってて、『ウンナンのホントコ！』[1]という番組に僕がレギュラーで出ていた頃、そこでコンビだったバ

1　一九九八年からTBS系で放送されたウッチャンナンチャン司会によるバラエティ番組。いとうもレギュラー出演し、人気コーナー「未来日記」の監修も務めた。

カリズムが前説をやってたんだよね。拍手の仕方とかを説明したりしてね。その時の空気というか雰囲気が、あまりに体温が低い感じで、俺がすっかり気に入ってしまったっていうことがあって。

升野　僕らの前説はまあ評判が悪かったです。お客さんよりテンション低いから（笑）。

いとう　そうなんだよ（笑）。「では元気にどうぞー！」って感じじゃまったくない。イヤなことをやっている感じが僕にもビンビン伝わってきて「わかるよ、わかるよ」っていう気持ちがあった。そのあと『虎ノ門』[2]という番組が始まった時にも「バカリズムを入れたほうがいい」ってねじ込んだりしてね。升野ひとりになったら、自分のレギュラー番組全部に升野を出したりしてました。

升野　ずっと、せいこうさんのバーターで（笑）。頭が上がらないです。

いとう　いやいや、そんなことないけど。事務所も違うのにね。

升野　ホント全然どこにも認めてもらえなかったのに、せいこうさんだけは褒めてくれたんです。それで、今のままでいいんだ、という気持ちになれました。

いとう　元々コンビ時代にやっていたのはやっぱり低体温のシュールコントだよね。ボーッとしたまま終わっていくみたいな。

2　二〇〇一年からテレビ朝日で放送された深夜バラエティ。いとうもレギュラー出演し、「朝まで生どっち」「うんちく王決定戦」などでは司会を務めた。二〇一七年五月にはＡｂｅｍａＴＶでスペシャル版として復活。二〇一八年五月から、定期配信がスタートした。

升野　そうですね。ツッコミのないコントです。あれはトガッてましたね。

いとう　どういうところから始まったの？

升野　僕らの年代が特にそうだと思うんですけど、幼稚園の頃はまずドリフ（ザ・ドリフターズ）を見てるわけです。そのあと『（オレたち）ひょうきん族』[3]が始まって、ドリフとはまったく違うシステムの笑いが出てきた。大人の笑いというか、自分がわからないワードや世界がたくさん出てくるんだけれど、それを笑える自分でいたかったという記憶があるんです。

いとう　大きく言えば**ベタじゃない笑いが出てきた**んだよね。

升野　ちょっと背伸びした大人の笑いに興味があったんですよ。そのあと、小学生の頃にとんねるずさんが出てきて、中学に入ったぐらいでウッチャンナンチャンさん、ダウンタウンさんが出てきました。小学校から中学校までの九年の間にこれだけお笑いの歴史が変わるのを見てるんです。

いとう　どれもまるで笑わせ方が違う。

升野　それがすごく新鮮でした。これだけいろいろ出てきた時代にお笑いを見ているので、たぶん無意識の中で、これからはさらに別のオリジナリティを持った人が出てくるのが当然だし、じゃなきゃ、売れないと思っていたんです。その中で僕には特にウンナンさんのネタの作り方がものすごく魅力的でした。

3　『8時だョ！全員集合』（TBS系／一九六九〜一九八五年）の裏番組となる土曜日の八時にビートたけしら当時の漫才ブームのスターたちを配した『オレたちひょうきん族』（フジテレビ系／一九八一〜一九八九年）がスタート。当時、絶対的な牙城であった『全員集合』を脅かす存在となり、その視聴率争いは「土8戦争」と称された。

いとう　マセキ[4]（芸能社）に入ったのはウンナンのネタが好きだったから？

升野　そうですね。これまでとはちょっと違う、演劇的な笑いだったりして、**形が美しかった**んですよ。

いとう　様式があったってことか。

升野　スタイリッシュだったんです。それでダウンタウンさんが出てきて、感覚的な笑いが生まれてくるんです。お笑い芸人さんをかっこいいと思うようになってきましたね。

いとう　その頃から芸人になろうと思ってたの？

升野　まだ思ってないです。僕はプロ野球選手になろうと思っていたので。身長一六〇センチしかないのに。僕は同世代の他の芸人さんほどテレビをちゃんと見られていないんですね。というのも、ゴールデンタイムの番組は見られたんですが、もっと深い時間に放送されていた、例えば『ねるとん[5]（紅鯨団）』だとか『夢で逢えたら』[6]とかは見ていない。野球やってたから、その時間は疲れて寝てるんです（笑）。

いとう　そうか。

升野　だから、自分のお笑いに影響を与えたものでいうとマンガが大きいですね。小学生の時に読んだ吉田戦車[7]先生のマンガとか。

いとう　**超シュールな世界**だよね。

4　バカリズムの所属事務所。内海桂子、ウッチャンナンチャン、出川哲朗などが所属。

5　一九八七年からフジテレビ系で放送されたとんねるず司会による恋愛バラエティ番組。

6　一九八八年からフジテレビ系で放送されたバラエティ番組。当時はまだ若手だったダウンタウン、ウッチャンナンチャン、清水ミチコ、野沢直子が出演。

7　漫画家。シュールなギャグマンガで人気に。代表作に『伝染《うつ》るんです。』『ちくちくウニウニ』『ぷりぷり県』など。

升野　吉田戦車先生をはじめとした不条理なマンガにすごくハマっていました。ウンナンさん、ダウンタウンさんを見る前に不条理なマンガをたまたま読んでいた。クラスの友達とかは全然笑わないですよ。でもなぜか自分は腹抱えて笑って、笑いのツボをつかれた感じだった。感覚的な笑いっていうのかな。たぶん自分でも理解してないんですよ。ワケのわからないことを笑っている自分がよかったんです。

いとう　それは優越感的な？　それとも自分でも知らないところをくすぐられている気持ち？

升野　ワケのわからないことがとにかく面白かったんです。いま思えば、当時から友達とワケのわからない、ありもしない自分たちだけの造語を作って、会話してゲラゲラ笑ったりしていた。そういうことをマンガで表現している人がいるんだと……ちょっと偉そうなんですけど、仲間がいるっていう感覚でしたね。で、その後に自分の好きな感覚が確立され始めたぐらいでウンナンさんとかダウンタウンさんとかのコントを見て自分が好きな感覚に近いことをテレビでやっている人たちがいる。陰でコソコソ笑うもんだと思っていたものが、テレビのゴールデンタイムでやっていたんです。

いとう　それを自分でやろうと思ったのはいつなの？

升野　専門学校に入ってからです。高校の時に「進学も無理だ。野球の道に進むのも無理だ」というあたりから専門学校の日本映画学校[8]を意識するようになりました。ウンナンさんが通っていた学校です。ウンナンさん好きだし、あわよくばお笑い芸人にもなれる。しかも共学なんですよ！

いとう　そこ？（笑）

升野　どっちかっていうと、そっちですね（笑）。お笑い芸人になりたいよりも男子校でずっと楽しい思いもしないまま学生生活を終えるのはイヤだと。俳優科とかかわいい女の子がいそうじゃないですか。しかも、あわよくばお笑い芸人になれる。お笑い芸人になったらモテる（笑）、と、かなり不純な動機で映画学校に入りましたね。映画学校って漫才の授業があるんです。強制的にカリキュラムとして組まれていて、しかも発表会もある。お笑いを目指していないヤツが無理矢理やらされる中で、僕みたいにお笑いを目指している人間が本気でやれば圧倒的に才能を見せつけることができる。面白く映るだろうと。

いとう　それはうまいこと考えたね。

升野　しかもそこではマセキの関係者が見ているんです。ドラフト一位で入れるに決まってる、と。それを狙っていたら、本当に思う通りになった。それでマセキのライブに出させてもらうことになるんですけど、その時にどういうネタを作ろうかという話になる。そもそも当たり前のようにそれまでな

8　現・日本映画大学。映画監督の今村昌平を学院長に一九七五年に横浜放送映画専門学院として開校。一九八五年に日本映画学校と改称。ウッチャンナンチャンのほか、出川哲朗、ケラリーノ・サンドロヴィッチらを輩出。

かったことを探さなきゃいけない。

いとう　升野がこれまで見てきた人たちは結構いろんな種類のことやっているからね。

升野　そうなんです。だから、そこになかったところを探そうとして、まず一切ツッコミがないというか、はっきりとしたオチもないところをとりあえずやってみようと思ったんです。それもウケるウケない関係なく、今までなかったパターンを試してみながらウケるものを探していこうというやり方でした。最初に一番意識したのは、面白いことをやるというより、**面白くないことをやらない**っていう考え方でした。

いとう　そうか。最初は消去法なんだ。

升野　自分の中で好きなものもあるけど、それ以上に、やりたくないとか、好みじゃないやり方がいっぱいあって、消去法で自分がやりたいことを作ってく。あれウケてるけど、俺は好きじゃないなとか、なんか美しくないなとかが最初のうちはもっと明確にありましたね。

いとう　それで削いでいって、残ったものにエッジをきかせていけばいいってこと？

升野　そうですね。野球で言うと普通は安打数を稼ぐ。そのためには打席にたくさん立つことが大事なんですけど、**僕の場合は打率なんです**

よ。いかに打率十割に近づけるか。十回打席に立って、七回ヒットを打って三回すべるんだったら、三回だけ打席に立って十割打つほうがいいという考え方です。どちらかというと、寒くないことをやるにはどうしたらいいかを考える。だから笑いが少なくても寒くなければいい。

いとう　すべらないほうを取るのか。その中でもすべらないやつで実験的なものは優先的にやってみるわけでしょ?

升野　それは誰もやったことがないから、寒いも何もないなと思って。

いとう　反応すらできないかもしれない、ってこと?

升野　そうですね。お客さんが、寒いと感じる前に、これ何だろうと考えさせる。むしろ、笑えない自分がセンスないのかなって思わせるくらい。

いとう　わかる!　ある意味スノッブなんだけれど、そうであらざるを得ないのはわかる。俺もピンの時にそのジレンマの中にいた。スノッブは嫌いなんだけど、そこに面白いものがあるのも事実でさ。

升野　お客さんの想定内のことをやってしまうと、すべった時に余計寒くなる。想定外のことをやれば、ウケなかったとしても、ダメージが大きくないんです。「新しい」となるから。やっていくうちにたぶん笑い声もついてくるだろうみたいな感じですね。

いとう　**自信と忍耐力がないと続けていけないよね。**

升野　そういうことも意識しつつ、最初はショートコントをいっぱい作ったんです。友達の前でやった時にめちゃくちゃウケたんですよ。それで手応えを感じて、漫才の発表会にも出したら、それもウケたんです。その後マセキライブに呼ばれて出たらウケましたね。

いとう　芸人たちが居並ぶ中でウケたんだ。

升野　その日のライブでは、先輩方がいる中でも自分の感覚では一番ウケたという手応えがあったんです。あ、これでいいんだ。自分のスタイルは確立した、と。それからは、ショートコントから長いコントを作ったりして、とにかくその方向性でずっとやっています。

いとう　例えば、その時にやっていたネタでどんなコントが好きだったの？

升野　初期に作ったショートコントでいうと、設定自体はファミリーレストランというオーソドックスな設定なんです。「いらっしゃいませ」「ステーキセットをひとつ」「かしこまりました。パンとライスがございますが？」「パンで」「お肉の焼き加減は？」「ミディアムで」「クワガタは？」「オスで」「かしこまりました。少々お待ちください」って。また相方が出てきて「お待たせしました。ステーキです。パンです。クワガタです。ごゆっくりどうぞ」と言う。僕はステーキ食べて、パンちぎって食べて、クワガタ触って「いてーっ！」となって「メスにすればよかった！」っていうコントです

（笑）。

いとう　あー（笑）。店員側も当たり前に変だと思ってないやつだ。

升野　異常な世界があるのに誰もその世界につっこまないというのが最初のスタイルだったと思いますね。

いとう　そういうコント好きだなあ。俺も額にナスが付いてるけど、特に誰もつっこまないコントとかやってたわ。

升野　設定自体はファミリーレストランネタとか刑事ネタとかありがちなものが多かったんです。その中で、今まで出ていないパターンを試す。しかもツッコミがないとか、これといったオチがないというのがたぶん最初に自分がつかんだやり方ですね。最初のうちはお客さんも衝撃を受けたと思います。見たことない人が出てきて「なんだこいつら？」って。ただ、それが定着してしまうと、意外性にも慣れられちゃう。そこからは結構苦労しましたね。

いとう　となると、この構造自体を変えなきゃならない、疑わなきゃならないということになるよね？

升野　僕はそこでさらに世界をおかしくしたい方向に走り始めたんですけど、こうなるとお客さんもまったくワケがわかんない（笑）。

いとう　ナンセンスはホントに境界線の引き方が難しいよね。今言ったクワガタのあたりで初見の人はウケるのかもしれないけれど、二回目見た人はどうなるか。あるいはそういうコントをやるヤツらだと知っていた人の前でやる時に「ああ、クワガタで来たのか」と思われちゃう場合、この**狂気の線をどこに移動させるか**。これは客によっても違うし、迷うよね。

升野　そうなんですよ。初期の頃はツッコミが存在しないとか、おかしな聞いたこともない言葉を使うこと自体が新鮮に映ったのに、そこに慣れられてしまってそういう人たちだと認識されてからは、ウケはするけれどそれ自体が求められていることだから、爆発的な笑いが生まれなくなったんです。

いとう　想定内になっちゃうやつね。

升野　だから、もっと超えてやろう、もっとわかんなくしてやろう、と。もちろん自分の中ではちゃんとしたルールはあるんですけど、もっとお客さんがついて来られないことをやり続けてしまったんです。自分的には麻痺していて、今までやってきたスタイルに自分はもう飽きているから「今はこれ一番面白いもん。なんでこんなウケないんだろう」というのが何年も続きましたね。

いとう　それは突破が難しいことだよね。このコントはテンションを上げるわけにはいかないでしょ。

升野　そうなんですよ。

いとう　客を巻き込むわけにもいかないし、冷たくなっていないといけない。でも下手に冷たいギャグをやるとどんどん客との距離が遠くなっていって、取り戻せなくなっちゃう。自分も新鮮じゃなくなるし、どんどん距離ができちゃうんだよね。面白かったものがまったく面白くなく見えて、すべった時の痛手がとにかくひどい。

升野　ハンパないですね。結局、ただ頭がおかしいだけ（笑）。

いとう　狂気の線がある程度まで超えるとそうなっちゃうよね（笑）。そういう時期を経て、コンビを解消してピンになるわけだけど、ピンになることでコンビのコントは一度チャラになるよね。

升野　コンビの作り方に飽きていたというか、結構いろいろやり尽くした感はあったんです。今まで自分たちのキャラクターとかスタイルでやれることは結構パターンとしてやってきた。だから新しいことやりたいと思っていた時期ではあったんです。そこでちょうどピンになって、まだピンのネタを一個も作っていなかったからすごく新鮮でした。やってみてわかったのは、すごくしっくり来たということです。要はより伝えやすいなと思ったんですよね。よりお客さんに伝わりやすいというか、ウケやすくなった感覚があったんです。

いとう　最初はどういうネタ書いたの？

升野　ピンになっていちばん最初のネタはビデオデッキに……。

いとう　ああ、アレか！　おちんちん挟まっちゃうヤツだ（笑）。

升野　おちんちん挟まっちゃってカスタマーセンターに電話するネタが最初に作ったネタですね。なんか自分で書いていてもすごく面白くて楽しかったんです。その後に書いたのが、交通事故で死んじゃったヤツが幽体離脱して「あ、死んじゃった」って、自分の遺体の横にいるやつです。テレビや映画で見る死後のイメージだと天にあがっていくとか、誰か連れに来る人がいる感じなのに、どこにも行かず連れられず横にいるだけ。これってどうしたらいいんだろう。いま、何待ち？　上に行くにはなにかしなきゃいけないことがあるの？　みたいな。それでひたすら待たされるというコント。これが最初に作った二つです。

いとう　それが「トツギーノ」的なフリップを使ってやっていこうと思ったのは何年してから？

升野　フリップネタは箸休め的な感じでした。自分のネタの中ではあまり重要じゃないというか、楽してるものなんです。どちらかというと、コンビ時代の感覚をもっとわかりやすく伝えるために絵を使ったぐらいの感じ。自分の中ではちょっと古めなシステムです。

いとう　古めってどういうこと？　コンビ時代のまんまやってるつもりでい

るわけ？

升野　コンビでやっていく中で最初にホントにツッコミのないコントを作って、ただワケがわからないことをやっていたところから、ちょっとずつ自分もいろんなパターンを覚えて自分なりのコントの作り方を見つけていきます。ちょっとだけ芝居仕立てのコントだったり、異常な世界の中で普通に暮らす人のコントだったり、普通の世界の中で一個だけ異常な部分があるコントだったり、いろんなパターンを試していく過程で自分の好みが変わっていったんです。そんな中で「トツギーノ」は感覚的というか、お客さんをちょっと置いてけぼりにしてもいいかなっていうコンビ時代の初期のころの感覚に近い。

いとう　過激なってこと？　だって「トツギーノ」ってさ、落とし方はリズム芸といえばリズム芸。結局嫁いじゃう話だけど、それが「トツギーノ」というリズムになっていることがまずおかしいわけでしょ。古いというよりは笑いの系列が違うんじゃないかな。

升野　なんでしょうね。これはコンビとかピンとか関係なく、単独ライブをやっていく中でぼんやりと大きく二つ種類があるんです。「トツギーノ」とか「都道府県の持ちかた」だとかああいったものはグループAなんです。

いとう　あれはグループAなんだ（笑）。

升野　グループAとグループBがあって、グループAはなんとなく思いついたネタで、グループBはこういうネタを作っていこうと思って書き始めるネタなんです。

いとう　なんとなく花嫁の姿が思い浮かんだってこと？

升野　イメージじゃなくて、フレーズですね。友達と「なんとかシーノ」と言ったりして遊んでいて、たまたま「トッギーノ」という言葉を思いついた。遊んでいたら、これなんか面白いからネタにしてみよう、って。そこには特に理屈がないんです。たまたまその時に気持ちよかったフレーズが「トッギーノ」で、「嫁ぐ」という行為をオチに持ってくるのが感覚的に気持ちよかったし、しっくり来たんです。

いとう　「トッギーノ」は、あとから理屈で言えば、「飲みーの」「金払いーの」っていう、普通の日常の連続性があるものについて「いーの」と付けているところに、「嫁ぐ」というすごく人生の大事なことを入れちゃっているおかしさが抜群なんだよね。そもそも升野は嫁ぐ側でもないし。

升野　感覚的におかしいと思ってそこにたどり着いたと思うんですよ。コンビ時代はそこをものすごく大事にしていた感じがあったんです。

いとう　そうなんだ。Bじゃないんだ。

升野　Bじゃないですね。グループBのネタは途中からウケるためにある程度ちゃんと作っていかなきゃいけないと、自分で身につけたというか見つけたスタイルなんです。

いとう 例えばBの代表作はなんなの？

升野 単独ライブの長いネタとか、ストーリー性あるネタとか。例えば、会社の会議後の設定で同僚の女の子におっぱいを触らせてほしいって言って、ホワイトボードを使ってプレゼンしていくネタがあるんです。女の子におっぱいを触らせたくない理由を挙げさせて、一個一個潰していって最終的にイヤな理由がない状態で触るっていうコントです。これはグループBですね。ちゃんと設定があって、ちゃんと理屈があって、一個一個理詰めで解決していく。感覚的とは反対のタイプですね。

リアルの判断基準

いとう さっき、やりたくないコントのことを「美しくない」って言っていたけど、升野の考える笑いにおける美しい、美しくないってどういうことなの？

升野 本当にそれは好みになるんですけど、自分のライブでは結構**様式美にこだわっている**んです。例えば、自分がネタ中に手で触れる物以外は絶対にステージに置かないとか。
いとう　あー、なるほどね。無対象ってやつね。
升野　絶対に必要なものは置くけど、単におしゃれに見せようとする観葉植物なんて、なくてもいいし、ないほうがかっこいい。最小限におさえる。あと、なんか、**コンビってダセーな**というのがあったりして。
いとう　ん？　コンビはダサい？
升野　形式の話なんですけど、舞台上に二人が並んでいるのはものすごく平面的だなと思っていて。やりとりがお互いしかないじゃないですか。でも、**ピンって立体的**だなと思って。
いとう　どっち向いてもいいし、とか？
升野　そうです、そうです。
いとう　へえ、面白いなあ。
升野　僕は、二人より三人の方がいいと思う。東京０３が好きなんですけど、三人いる状態が一番立体的だと思うんです。
いとう　演劇的だもんね。
升野　でもたまに三人でも平面的になっちゃう場合がある。お客さんの前でやる時に楽なのって平面的なコントなんです。並んで一人が仕切るという。でもそれってリアルじゃないし、リアルはもっと立体的なんですよ。そういうリアルかリアルじゃないかの判断基準が自分の中にあるんです。

いとう　それってどういうとこから培われてきたの?

升野　基本、何かを見る時に、こんなことねーよっていうか。もともとドラマはそんなに見ないんですけど、たまに見た時に、普通こんな言い方しないじゃん、なんでこんなリアクションなんだろうって、基本的にちょっと斜めな感じで見てるんです。だから自分がやる時はそういうのを減らそうと。なんで人がしゃべっている時に、ドラマって相槌打たないんだろうとか。ドラマは基本待ってるんですよ。そこに役者さんのセリフが書かれていないから、やらないだけなんです。だから僕が自分でドラマに出た時は相手に相槌打つんです。普通にしゃべってると相槌打つから。

いとう　そうか、『架空OL日記』[9]も相槌打ちまくりだもんね。

升野　そうです。これドラマ化した時って、たぶん誰も相槌打ってないんです。僕が一人でしゃべってる時に脚本として書いてあれば役者さんの相槌は入ってくるんですけど、書かれていないと役者さんは黙ってる。だから『架空OL日記』は相槌も台本に書いているし、プラス自分もアドリブで相槌を入れてます。そうすることで役者さんたちもリアルにできるようになる。相槌していいんだって。でも、それは役者さんにない感覚なので、僕が現場に行かないとあれは成立しないと思います。自分がドラマの脚本を書く時も事

9　升野がOLになりきり架空の日常をブログで綴った「架空升野日記」を書籍化(誰にも言わずこっそり続けていたこのブログの存在にいち早く気づいていたのもいとうであった)。二〇一七年には升野主演・脚本で読売テレビ・日本テレビ系でドラマ化され、ギャラクシー賞の月間賞を受賞。バカリズムは向田邦子賞を受賞した。

細かく、「うん」とか「そうだね」とか全部入れてます。だから、行数が多くなって、役者さんたちも覚えるのが難しいってなる。

いとう　ほんとは役者が流れで入れてればいいんだよね。

升野　そうです。理想を言うと勝手に入れてほしいんです。だから自分の中でリアルかリアルじゃないかは一番重要ですね。

いとう　ネタも？

升野　ネタもそうですね。だから、否定はしないけれど僕はやらないというのが結構ありますね。例えば、最初に状況説明しないとか。いかにセリフの中でわからせるかでやる。独り言を言うとかはないんです。

いとう　昔のコントのパターンによくある、くるっと回って医者ですっていう、あれとかね（笑）。能狂言の延長にある始まり方。

升野　小説の独白はアリなんです。語り部をやって芝居に入るのもアリなんですけど、お芝居の中で説明ゼリフを言うのはあまり美しくないというか。

いとう　それは僕の小説に関する考え方とまったく同じだ。主人公とかの名前をどうさらっと入れるかに技術が必要。

升野　そういう感覚が東京の同世代の芸人でバナナマンや東京０３、ラーメンズとかおぎやはぎとか、わりとみんな無意識のうちにあるような気がしてます。僕の世代って変わった人たちが多くて、普通、吉本とかではありえないちょっと変わったことをやって、でも売れている人たちが結構いたりする。わかりやすいボケ・ツッコミがないっていう共通点があるんです。

いとう　もともと東京にはボケ・ツッコミはなかったわけだから。それをコントの中に持ち込まれると確かにしらけるんだよね。漫才でいいじゃんって気持ちになる。

升野　ボケ・ツッコミをやったとしても、結局西の人には勝てない。だったら東京はどう戦うかというところで、**発想で戦おうと。**

いとう　シチュエーションとか。

升野　かっこよくやろうって。消去法で、あれやらない、これやらないで出来上がっていったのかもしれないですね。

笑いの方向性のあり方

いとう　升野の得意な大喜利って、言ってみればお笑いのフリースタイルバトルみたいなものじゃない。その場合は、考えて作っていくグループBはやってられないし、グループAもすぐに思いつかなきゃいけないわけでしょ。あの回路はどうなってるの？　例えば「犬に付けちゃいけない名前は何？」ってお題が出たとすると、どう考えていくの？

升野　考えてないですね。基本的にパッと浮かんだヤツですね。
いとう　じゃあ、犬に付けちゃいけない名前はなんなの？
升野　（笑）言われた瞬間にたくさん出てくるんですよ。
いとう　出てきてるんだ。
升野　だいたいのパターンが浮かんでますね。
いとう　それそれ！　どういうパターンなの？
升野　大喜利をたくさんやってきているので、自分の中でなんとなくの向く方向がわかるんです。今すぐ答えなきゃいけない場合はこの答え、一週間後に答える場合だったらもう少しちゃんとしたことを考えなきゃとか。そんな中でいくつか浮かぶものを捨てていく作業ですね。なんでもいいわけだから、言葉はいっぱい浮かぶわけです。それを、これはたいしたことないな、これはダメだなとか自分の中でつまらないヤツを消していくんです。
いとう　そうなんだ。なんでもいいってまず思うのか。
升野　結局、探す作業なんです。
いとう　探す作業とダメなヤツを消していく作業でしょ。付けちゃいけない犬の名前で「猫」みたいな当たり前でベタな答えはないよな、みたいな感じ？
升野　そういうぼんやりとした塊がドサッと頭の中に開けたらあるんです

よ。

いとう　それがわかんないよ！（笑）

升野　頭の中のイメージですよ。その中でいいヤツを探す。

いとう　で、なんなんだよ、犬に付けちゃいけない名前は？

升野　（笑）ちょっと間が空いちゃったから……例えばパターンで言うと最初に出てきたのは「猫」なんです。

いとう　やっぱり「猫」なんだ。で、消すよね。

升野　消します、消します。そこからが広いんです。

いとう　そうだよね。犬に対して猫って付ける一番の太い論理をまず消すと、あとは途方もない自由が残ってるよね。「ＵＳＡ」でもなんでもいいわけだから。これはウケるかどうかを見るってこと？

升野　個人的には一回「猫」って出したのを踏まえた上で犬に付けちゃいけない名前はなに？　て言われた時に「子猫」だったらちょっと面白いなとか。

いとう　なるほどー（笑）。「子猫」で全然違うもんね。

升野　そうやってちょっと付けるとツッコミどころができるじゃないですか。お題に子どもとかは入っていないのになんで「子」を付けたんだろうって。ちょっと面白くなるじゃないですか。そういう考え方ですね。

いとう　じゃあ、やっぱり考えていく筋道みたいなものはあるということ？

升野　はっきりとは出てないけど、このお題はあっちの方向性だなっていう方角がなんとなくあるんですよ。あっちの倉庫だなって。

いとう　それ一週間後だったらなんて答えるの？

升野　一週間後のヤツは一週間後に答えさせてください（笑）。

いとう　まあ、そりゃそうだな（笑）。でもそんな気持ちでさ、大喜利でそんなに倉庫にいっぱいモノが置いとけるものなの。やっぱり升野はずっとなんか考えてるわけ？

升野　かもしれないですねえ。でも、ホントに後輩とかとご飯食べている時とかに遊びでお題を出して答えるというといういわゆる大喜利スタイルではないけれど、要はアレって大喜利だよね？　っていうようなことは遊びでやってましたね。やっぱり後輩とかからも目の前で笑い取りたいから、意識して鍛えているというよりもいつの間にかそういう思考になったという感じかもしれないですね。

いとう　そんな人いるのかね！（笑）升野以外に誰がいるの、それ？

升野　当時でしたら、ふかわ（りょう）さんとか。

いとう　ああ、ふかわくん大喜利面白いもんね。

升野　好きな面白いポイントが近くて、ふかわさんのネタを見てなんか好きだなって。そういうのがお互いにあって仲良かったんです。バナナマンの日村（勇紀）さんと一緒に住んでいた時もずっとコントや大喜利をやっている感覚でしたね。日村さんを笑わせてやろう、日村さんも僕を笑わせてやろうという。日村さんが出かけている間に家を掃除しておきますって言って。日村さんが帰ってくる頃には僕は出かけてるんですが、帰ってきた日村さんを笑わせたいと思って、どうしたら面白いかなと思って家にあるテレビやテーブル、ソファーとかに全部バミリテープを付けたんです。

いとう　なるほど（笑）。

升野　もしずらした時はここに合わせてくださいねって。ソファーの位置からトイレに行くまでの動線をビニールテープでビーッて引いて。日村さんがいつも座るところにTの字にテープ貼って「日村」って書いて。それで出かけたりとかしてました（笑）。それって大喜利じゃないですか。

いとう　大喜利、大喜利。

升野　「こんなハウスキーパーはイヤだ」っていう（笑）。

いとう　帰ってくると、バミってある（笑）。

升野　それは大喜利として意識してなかっただけで、今思えば大喜利的な感覚でやっていたんですね。

いとう　それもバカリズムらしい面白さだけど、その変なことが笑いになるとか、笑いにならないっていう線が一番微妙なところだよね。それこそ犬に付けちゃいけない名前、「猫」だとありきたりで笑いはおこらないけど、「子猫」にした途端に笑いになるって、これなんなんだろうね？

升野　僕が作家さんだったりすればしゃべれたかもしれないんですけど、これに関してはもう自分の体で覚えてきたことだと思うんですよ、たぶん。

いとう　なるほど。ニュアンスの世界だもんね、この場合。

升野　あまりちゃんと考えてないんですよ。今も説明しないといけないからグループAとかBとか言葉にして説明はしているけど、それは自分の頭の中にぼんやりとあるイメージでしかないんですよね。

いとう　はっきりとあるわけじゃないってことね。

升野　そうなんです。「これ」と定義づけすると、そうじゃないケースもたくさんあるじゃないですか。

いとう　そこは難しいとこだよね。

升野　ある程度の傾向は出すことができても、はっきりとなぜ笑うかって難しいですよね。これは時代によっても変わるし。

いとう　そうなんだよ。バナナがあって滑って転んだらおかしい。いや全然おかしくない。でも、これが偉そうにしてる人が転んだらおかしいとか、いろいろ古い説があるじゃん。

升野　バナナがあって滑ってというのは、今の時代僕らにはフリになってしまう。

いとう　違うことを考えるためのね。

升野　バナナを踏んで滑ってウケることはあるけど、それがみんなの中にイメージとして定着してるから、さらにそれを裏切ることでの笑いも出てくる。**裏切りは大きいです**よね。

いとう　意外性っていうことだよね。でもあまりに意外だと人はキョトンとしちゃう。ここの寸止めがまさにセンスだから言語化しにくいところなんだけども。

升野　で、こういう話をしたら意外性自体が今度はフリになっちゃうから、バナナの皮を踏んで滑らないこともう笑いにならなくなっちゃう。

いとう　意外性が当たり前になっちゃうからね。

升野　今度は逆にさらにまた裏をかいて滑ることが裏切りになる。結局、意外性が一番わかりやすいのかもしれない。

笑いの理由を消すこと、そして想像の余白

いとう　僕も今まで三十年だか四十年だかわからないけど、笑いについて読

んだり考えたりしました。その中で唯一これはかなりイケてるって論があって、あまり話したことがないんだけど、升野には話しておきたい。

升野　あ、お願いします。

いとう　一九八四年に「現代思想」[10]という雑誌で笑いの特集があったのね。そこにハーバート・スペンサー[11]っていう十九世紀の哲学者の笑いについての説が書いてあった（「下降性の不一致と笑いの生成」）。この人は日本の自由民権運動にも影響を与えた人で、板垣退助はこの人にコテンパンに怒られたらしいんだけどさ。

升野　板垣退助を怒った人なんですね。

いとう　この人の説がすごく面白いんだ。その説で言うと、「笑い」ってみんな簡単に一つのものみたいに言うけれど、声帯から声が出て、息が荒くなる、手を打つとか、前傾姿勢になっちゃうとか、いろんな体の反応をただまとめたものを「笑い」って言っているんだよね。こう考えると、笑いはノイズ的な反応なんだってことがまずわかる。

升野　あー、なるほど。

いとう　彼は当時の科学で考えているんだけど、神経に興奮がたまって通常の行き場がなくなる。言葉で言えないようなことが起こると、変な声が思わず出ちゃうとか、泣いちゃう場合もあるよね。泣く反応に関しては一方に、

10　「現代思想」（青土社）一九八四年二月号「特集＝笑い　何がおかしいの？」。

11　イギリスの哲学者、社会学者。

あまりに感動しちゃってどうしていいかわからなくって、ノイズ的になぜか涙が出ちゃう場合もある。喜怒哀楽って体の反応としては複数のノイズとして表現されてるわけだよね。で、おそらく笑いが最も多岐にわたるノイズで出来てるんだろうと俺は思う。その「笑う」の方の場合、ハーバート・スペンサーは面白い例を挙げてるんだよ。壮大な芝居があったとして、観客はクライマックスに向けて感情が高まってきてる。ものすごくハッピーエンドだったら喜んで手をたたくかもしれない。もしそこにね、その辺にいた子ヤギが入ってきて、みんなを嗅いだらどうだろうかって言ってるの。

升野　面白いですね（笑）。

いとう　哲学者が挙げる笑いの例の中で一番面白いと思う。子ヤギが入ってくる、そんなことあるのかよ！（笑）と思うけど、その場合、その時に感動しようとしていた神経の予想された興奮の高まりの行き先みたいなものが閉鎖されてしまう。そうするとどっかからそれがあふれちゃうから声が出ちゃったり、横隔膜が振動しちゃったり、手を打ったりする。それが笑うってことなんだと言ってるんだよね。これは結構イケてるよ。

升野　例えがわかりやすいですよね。

いとう　まあ神経ってもんのとらえ方は十九世紀だから古いけど、彼はまず神経の興奮が連想によって他の神経に飛ぶ場合から挙げていって、次に神経が内臓を動かしてしまう場合。これは心臓をバクバクさせたり、胃をキュッとさせたりする。それから筋肉を動かす場合。これが横隔膜を動かしたり、喉の筋肉を動かしたりしちゃう。この三つの反応のうち、一つでも封鎖すると他の二つがあふれるみたいなことを言ってる。これは意外性ってこともつながってるでしょ。

升野　そうですね。

いとう　「いいね、それは！」って言おうと思っていたら予想外のことが起きて、とろうと思っていた行動が封鎖されちゃって、「ん？」ってなって思わず笑っちゃうっていうこと。これはちょっと否定しにくいものがない？

升野　封鎖されて、封鎖されてっていう。

いとう　だから僕たちがやることはうまく封鎖してどこかにあふれさせて、またそこをふさいで今度は違うところにあふれ出させるってこと。

升野　要は**笑わない理由を消す**ってことですよね？

いとう　そうかもね！　笑わない理由を消すこと！　納得を一歩手前で消しちゃうの。例えば納得しようとしていて、そう出来なくなって、おっとっとっとってなった時に思わず横隔膜が動く。なんだかわからないけど人は痙攣してしまう。ノイズ的な反応をしてしまうように、**神経の興奮の行き先を混乱させるんだよ！**

升野　今までそこを意識したことが全くなかったですね。消去法というか消去、封鎖する。最後に残ったのが笑いってことですもんね。

いとう　そう。どういうノイズを起こさせるかはいろいろな方法がきっとあるんだろうね。

升野　だから感動が入っちゃうと笑えなかったりするんだ。

いとう　理屈で興奮の行き先が決まっちゃうし、その理屈の上で興奮が高まっていくから、突然ノイズがあふれ返るわけじゃないもんね。かわいそうが入ると笑えないとかも気持ちの行き先の問題。あとあまりにも壮大すぎるとやっぱり笑うよね。実際に快感を得ている以上の情報が回路に入っちゃうから、あふれちゃう。

升野　そうですねえ。

いとう　やっぱりそれを笑わずに抑えとくと人間は狂っちゃうのかもね。だから、ワハハって笑って、なかったことにするというか、楽しいことをごまかしちゃうというか。

升野　確かにそうかもしれないですね。

いとう　それをきょう僕は升野に伝えたかったんだよ。

升野　すごくいい話ですね、それは。今まで考えたことがなかった角度です。

いとう　そうでしょ？　升野の大喜利の考え方とか、子どもの頃のある程度のわかりにくさが面白かった話があったけど、その理論で言うと、わかりにくいから「うん？」って考えた時に回路から何かあふれるものがあって、でもなんかこの絵がおかしいって思っちゃったら笑っちゃうんじゃないかな。

升野　僕の中で……どうやって説明すればいいのかな。**想像の余白が面白い**んです。そこを想像して笑ってもらうっていうタイプがすごく好きで、適当に言うと……例えば、「3x＝犬」でもいい。これって、普通の数学ではあり得ない、不条理な式だと思うんですよ。面白いのは、僕は「x」だと思うんです。要は「＝」がついてる以上は絶対にこの式は成立するんです。ということは、この「x」の中にこれを成立するだけの何かが入ってる。だから「x」ってなんだよ、何があるんだよここに、っていうより気持ち悪いことを想像して面白くなるというのはわりと好きかもしれないですね。あえて隠すところがあることによって、想像する余白を与えるというか。

いとう　で、これを考えることも好きだし、人が考えない答えを発表するのも好きなんだよね。

升野　そうですね。でも、どちらかっていうと「x」は最後まで見せなくていいくらいなんですよ。

いとう　この式自体がおかしいってことか。

升野　そうです、そうです。「＝」がある以上、絶対に「x」には何かしらあるっていうことだと思うんです。なんなんだよ、なんなんだよ、気になる、気になるが一番気持ちいい。「x」の解を出す時は本当に「＝」になるようなことを出さないと無理です。

いとう　升野が言っているのは、ずっとこの式が当たり前だと思ってる教授みたいなのがおかしいってことでしょ？

升野　そうですね。

いとう　「犬は３ｘだからさ」って普通に言ってる人がいて、それを普通に書き取ってる生徒自体がおかしいっていう。

升野　で、「＝」がある以上、その世界では絶対に成立しているってことなんです。

いとう　その人は疑わない目でそれを言っててほしいっていうね。桂枝雀さん[12]の有名な式があって、「緊張と緩和」とずっと言われてるでしょう。緊張が高まってふっと弛緩すると人は笑うっていうんだけど、でもこれだと一方向的だと僕は思っているのね。僕は弛緩してる時に緊張しても笑うと思ってるの。どういうことかと言うと、この「３ｘ＝犬」に関わるんだけど、もし「x」に、「あ、なるほど！」って思ったものがハマった時に人は意外に笑う

12　独特な動きを交えた高座や英語落語など意欲的な活動で人気を博した上方落語家。

んだよ。それってね、ツッコミがいいツッコミをした時、例えば「お前、それインカ帝国じゃねえんだからよ！」と言った場合、あ、たしかにインカ帝国の感じだわーって思った時って、これがハマった時の納得のおかしさじゃん。

升野　**気持ち良さの笑い**ですよね。

いとう　今度はあふれるんじゃなくて、ちゃんとそれがハマる時も人はなぜか笑うんですよね。はっきりわかって整理された時も人は笑ってしまう。まあハマることが神経の興奮の急激な収束を生んで、それはそれで気持ちのいい刺激ということなんだろうけど。

升野　「うまい！」ってなるタイプの笑い。

いとう　「インカ帝国じゃねえか！」っていう例で言うと、「え、それインカ帝国だね」と言ったら「あー」くらいの反応になるけど、「お前らそれインカ帝国じゃねえかよ！」って人を攻撃する体で言うと笑いになるというか。それ経験上あるでしょ。言葉の角度を選ぶことが。

升野　なんとなく感覚でそうしてます。考えてはないけどなんとなくパターンがありますよね。

いとう　それだから、この「３ｘ＝犬」の式の中には笑いに関していろいろ入ってる。「ｘ」の解だけでなく、バカリズムの場合は「３ｘ＝犬」の他にどういう式があるかなって考えることも好きなんでしょ？

升野　そうですね。この方程式と同じパターンでいろいろ見せ方を変えたりとか。

いとう　もうちょっと長い数式にしちゃうとか、やり方があるってことだよね。こっち側の「x」にも動物が入ってきちゃうとか。でも、そう考えていくと、ああ、このコントはやらなくていいかっていうふうになるわけだよね。

升野　そうですね。いや、すごい深い話してる。

いとう　してるよ！　俺はきょう本気で来てるから。

升野　今まであんまり考えたこともなかったことですよ。

いとう　あともう一個、升野にね、伝えておきたいんだけど、ちょっと似てると人は笑うじゃん。つまり、うまいこと思い出させると人は笑うよね。ツッコミもそうなんだよ。さっきのインカ帝国もそうなんだけど、絵が下手だからさ（と、ホワイトボードに何かの顔を描き出す）、なんかこう、頬骨が……あ、

升野　アンパンマンになってますよね（笑）。

（会場　爆笑）

いとう　いやいやいや……。でも今、「アンパンマン」って言った時に、人

は笑ったでしょ。記憶の中から、何か的確なものを……あ、僕のイメージはね、長ーい髪の毛を脳から抜く感覚なんだけど、これが上手だと人は笑うんだよ。それはつまり、何かを思い出させると人は快感で笑うんじゃないかと思ってるわけ。

升野　あー、なるほど。

いとう　似顔絵がおかしいことと、ダジャレがギリギリ成立することもこれに関係してると思うんだ。

升野　今、アンパンマンの件で笑ったのは、まず丸を描いて、頬骨描いて、目を点々と打った時点で、ここにいる全員がこの顔「アンパンマンっぽい」ってまず思ったと思うんです。で、そこで「アンパンマン」って言ったことによって、**「だよねー」の共感の笑い**だと思うんです。みんなが「あれ？　あれ？　あれ？」って思っていたものが一気に解放された笑いが一個ある。

いとう　じゃあ、的確に何かを言うと人は笑う場合の笑いか。

升野　そうです。全員がそれに共感した瞬間。しかも、アンパンマンを描く流れじゃないのにアンパンマンになっちゃっているモヤモヤが解き放たれた。で、もう一個。せいこうさんが完全にアンパンマンを描いてるんだけどそれをアンパンマンだと言わずに「こうやって顔があって」って平然と言っていたら、そこにはもう一個先の笑いがあると思います。

いとう なるほどね（笑）。

升野 「それアンパンマンじゃん！」って。それもみんなの中で笑い始めたら「だよね、だよね、だよね」っていうのがザーッて広がっていく。

いとう 俺は何も言わずにね。

升野 その場合、せいこうさんは言わないで徹底的にやるほうが、個人的には好きな笑いです。

いとう で、髪の毛の件はどうなってる？

升野 何ですか？（笑）

いとう だからー！（笑）記憶の中のもやもやみたいなのがあって、的確にそれを思い出させてあげる。「それって○○じゃん！」っていう比喩のツッコミは、つまり一番似てるかギリ似てるかくらいのちょうどいいところをうまく言うわけじゃん。

升野 それは結局、気持ちよさじゃないですかね。例えてバッチリなのもあれば、あえて全然別のもので、ちょっと違ったりもするんだけどでもすごく分かるみたいなところが一番気持ちよかったりする。

いとう そうそうそう。それは、すごい変なダジャレの面白さでしょ？ ベタなダジャレじゃダメで、ものすごい違うのになんかわざと抑揚でそう聞かせてるみたいな時おかしいもんね。

升野　なんか納得できる、っていうのが一番気持ちいい笑いかな。

いとう　そうか、じゃあ、これは納得の快感なのか。

升野　快感だと思います。「分かる！」っていう。「よくそこから持ってきたね」って。一見、今回のケースで並べなければ全然違う二つなのに、この流れで並べたからすごく同じように見えるとか。その持ってきたうまさとかで笑うんじゃないですかね。

いとう　ああ、そうか。じゃあ、僕は記憶から何かを抜かれて、その謎の快感の方で笑ってると思ってたけど、人に共感して笑ってるんだ。

升野　「確かに言われたらそう思う」がやっぱり面白いと思うんです。

いとう　僕は人に共感してると思われたくない人生を歩んできたから、記憶を上手に引っこ抜かれたら気持ちいいと思っちゃってたのかな。

升野　やっぱり共感が大きいと思いますね。確かにそう思ってた、もあるけど、言ったことで初めてそう思う、が笑いにつながると思います。

いとう　「あー」っていう発見ね！

升野　そうですね。発見。

いとう　それ気持ちいいんだよね。あと何があるの？

升野　はい？（笑）

いとう　だから、共感のことがあって、モヤモヤしたものを的確に言われてしまう、だからこれもまあ共感だね。あともう一つは適度な混乱、この混乱を与えるのはすごい難しい。でも適度な混乱をしてもらうと人はまあ笑うってことがあるわけじゃない。さて、他に何があるの？

升野　他に？　でも大体入るんだよなあ……それも裏切りだしなあとか。

いとう　**裏切りと共感**。裏切りは絶対だよね。他には？

升野　そのくらいじゃないですかね。

いとう　ちょっと待て、お前！（笑）

升野　そんくらいスかねえ（笑）。

いとう　考えろやー、少し（笑）。

升野　これで全部ですかねえ（笑）。

いとう　二つしか出てないじゃん！（笑）

升野　難しいですね。あれはこうかな、あれはこうかな、って思うと、大きく分けると大体どっちかに入っちゃうんですよね。さらにその中で細分化されると思うんですけど。

いとう　僕はやっぱりいちばん大きいところをここで探り当てたいわけ。

升野　よく言われるのは裏切りと共感ですよね。

いとう　なんならそれは緊張と緩和にも関係ある。

升野　それも結局裏切りと共感だったりしますもんね。緊張があるからそこを裏切ることで、じゃないですか。

いとう　そうそうそう。

升野　でもそこの中にも共感の笑いもあったりするし。はっきりと分かれるというよりも、意外と入り組んでるというか……。これって考え出すと、なんか複雑すぎるんですよね。

いとう　わかるわかる。だから、大きく二つに分けてあるところの下はそれこそノイズだからいくらでもあるんだよね。だって、横隔膜が動くやつっていうのと、声が出るやつ、手を打っちゃうやつって、考えていったら、体の反応だけでもいろんな種類の笑いが出て来ちゃう。

升野　あと、視覚的に面白いものってあるじゃないですか。それが意外と説明できない。お笑いで言うと、アキラ１００％でなぜ笑うのかって、たぶん裏切りとか共感とかと違うところにあるじゃないですか。

いとう　あれ、なんだろうね。うまくいってるからかな。まさに緊張させて緩和させる。

升野　ですかね。あとウチの事務所で言うと、出川（哲朗）さんがなぜ面白いのかって、なんか一言じゃ言い切れない。

いとう　あれこそがノイズだもんね（笑）。

升野　出川さんは裏切ってるかといったら、裏切ってはないじゃないですか。逆に、期待通りになっていく感じ。こっちがこうなれこうなれって思ってるところに、ドーンとハマって「うわー面白いな！」っていう。狩野英孝とかもそういうことがあるから。

いとう　その時に、自分がハマっていくことにいやらしさがないというか、逆に分かってて行くっていう。「分かってて」という部分を出川くんに対して僕たちが信頼してるからでしょ？　それが計算かどうかが分からないから、ずっと見ちゃうっていうこと？

升野　なんであんなに何回見ても面白いんだろう。出川さんが熱湯に入るのなんか、僕ら何百回も見てるのに。でも、毎回笑っちゃうじゃないですか。

いとう　そこには論理を超えた……。

升野　ものがあるんじゃないかな。出川さんがわさびを食べるシーン何回も見てるけど、何回見ても面白いし。あれがなんで面白いか理屈で説明しろと言われても難しい。

いとう　他の人だと面白くないのに、なんであの人だと？

升野　面白い顔をしてるからっていうのも、じゃあなぜ面白い顔が笑えるの？　っていうところの説明がつかないじゃないですか。

いとう　つかない。あの声がいいのかなとかいろいろ考えるけど……ま、全部なんだけどね。確かにそれを言われればまた最終的に靄の中に入ってしまうしかないのかな。

升野　もしかすると裏切りなのか……。

いとう　いや、ドンピシャにはまってくれることの快感だから、裏切りではないよね。あ、そうか。僕の論理で言えば見事なツッコミみたいなものだよ。だって的確なんだもん。事態に対して**出川として的確であるっ**てことを演じ続けてるから出川くんが面白いんだよね。

升野　毎回的確なリアクションをしてますもんね。

いとう　だから、みんなはボケだと思ってるけど、すごいツッコミだって考え方もできる。だから飽きないっていうか。

升野　体をもってつっこんでるんですね（笑）。

いとう　「俺ってこうでしょ！」みたいな。

升野　確かに目はツッコミの目してますもん。「お前らバカか？」って（笑）。

いとう　狂犬みたいな目してる（笑）。狩野くんはわかんないけどね。あれは意外性かな？

升野　意外性ですよね。あと**安心感の笑い**もあります。何回も見たことがある昔から好きなネタとか安心感があります。

いとう　クスクスっていうかニコニコっていうか、僕は愛嬌と一応呼んでるけど。ネタも何回見ても笑えるっていうのを含めて愛嬌なんだよね。

升野　伝統芸とか名人芸とかはそっちに近いんじゃないでしょうか。

いとう　僕の好きな古今亭志ん生[13]の言葉があって、音楽のライブの時に僕も使ったりするんだけど、「アタシが来たからもう大丈夫」っていう。そうするとみんながどっと笑うんだよ。「ここはアタシにまかせてください」って感じで安心しちゃうの。僕がこれ言うとね、ライブの会場がピタ—ッと「せいこうさんにまかせておけば大丈夫なんだ」ってなる。別になにも問題は起きてないのに（笑）。そういう安心感を仮に作っていく方法は確かにある。タレントとしてテレビに出る時にはこの安心感の笑いってすごく大きいよね。

升野　視聴者を安心させることは大事ですね。

いとう　升野はそれがある時期から出たね。

升野　三十代半ばぐらいから、やっぱり愛嬌は必要だなって思って。それからは意識的に出してきましたね。若手の時はどっかで拒否してる部分があったんです。十代、二十代は背も小っちゃいしかわいいって言われることがあったんです。でも、そこはものすごく拒絶してたんですけど、最近はこれ

13　昭和の東京落語界を代表する一人。軽みのある芸風とともにその人物像も愛され、酔っぱらって高座にあがり、途中で寝てしまったのを客席は笑って眺めていたなど、数々の逸話も持つ。

も一個の武器としてものすごくあざとく笑うようになりました（笑）。

いとう　そうだよ！　よく笑うようになったんだよ！

升野　それをやるようになってめきめきとお仕事が増えましたね。

いとう　（爆笑）大事なことなんだよ！

升野　やってる中でわかったんですけど、**僕たぶんいい笑顔してるっぽいんですよ。**

いとう　（爆笑）お前も言うね。

升野　愛嬌のある笑顔をしてるっぽいんです（笑）。だからね、取材やＣＭとかでも笑顔を求められるからもう存分に笑ってますね。減るもんじゃないし。

いとう　そうだな。

升野　増えるのはお金ばっか。

いとう　イヤらしいわ！（笑）きょうは、どうしても僕が伝えたいと思ってきた笑いの理論みたいなものを升野はどう思うの？　って託すような気持ちで話したつもりなんだ。

升野　倉本（美津留）さんやＫＥＲＡさんの対談を読んで、僕にこんな話ができるのかなって。

いとう　いや、ちゃんと話してくれてたよ。

升野　倉本さんとは『ホワイトボードTV』[14]とかも一緒にやらせてもらって。

いとう　『ホワイトボードTV』もそうだけど、テレビの中で新しいシステムを使ってなにかやろうとした時にバカリズムにまかせておけば大丈夫って感じになったよね。俺、近頃うらやましいもん。最初は「よしよし」と思っていたけど、気がつくと「これ、昔俺がいた位置じゃん！」って。

升野　あ、結構うらやましいことやれてますか？（笑）

いとう　やれてるやれてる。いいなあ、またこんな面白いことやってるわ、よかったよかったと思ってる。で、ずっとこれからも続くことを僕は願ってるので、升野に人間ドック行けって言ってるわけで。あとは体なんだよ！

升野　脳のCTは撮りました。脳は「いい脳してるね」って言われました。

いとう　なんだいい脳って（笑）。

升野　脳が若い。四十代の脳じゃないって言われました。

いとう　それは素晴らしいことだよ、発想がやわらかいってことだから。

升野　まだ全然やっていけますよって言われました。

いとう　まあ、体に気をつけて突き進んでください。

升野　ありがとうございます。

14　二〇一〇年からMXテレビで放送されたUstream を利用した実験的大喜利番組。二二一ページ参照。

いとう　きょうはバカリズムと話をしました。ありがとうございました！

第四夜

枡野浩一

枡野浩一

（ますの・こういち）

歌人。1968年東京生まれ。1997年、『てのりくじら』他で歌人デビュー。短歌小説『ショートソング』は漫画化され、アジア各国で翻訳される。五反田団などの演劇出演を経て44歳からの２年間、お笑い芸人事務所SMAに所属。DVD『アンタッチャブル柴田の「ワロタｗｗｗｗ」』に出演。M-1グランプリ2016開催時、ファイナリスト８組の予想を的中させ、Yahoo!ニュースになる。元相方たちは漫才コンビ「すっきりソング」を経て、それぞれに活動中。

ライブとテレビの笑いの差

いとう　いとうです、こんばんは。「今夜、笑いの数を数えましょう」、第四回目となる今回のゲストは歌人の枡野浩一さんです。

枡野　よろしくお願いいたします。

いとう　枡野くんにはこの企画を考えた時点ですぐにメールで「企画がスタートしたらよろしく」って話はしてたんですよね。

枡野　ありがとうございます。バカリズムの升野（英知）さんの名前から連想してくださったんだなって。

いとう　確かに前回がバカリズム・升野英知で今回が枡野浩一って流れだけど、そんなことはない（笑）。僕がなんで枡野くんをお呼びしたかというと、今のお笑いを一番観ているのは枡野くんだと思っているんだよね。最終的には自分も芸人を目指しちゃったっていう。

枡野　最初は、お笑いはどちらかというと嫌いだったんですよ。いとうさんもこの連載（第一夜・倉本美津留の章参照）で家が厳しくて、ドリフとかを見せてもらえなかったという話をされていましたけど、ウチも父が厳しくてドリフとか見られなくて、ＮＨＫか「世界名作劇場」[1]しか見ちゃダメだったんです。だからホントにお笑いを見てなかったし、そのせいで免疫もないしお笑い番組を見てもあまり面白くなかったんですよね。テレビで唯一大好きだったお笑いは『夢で逢えたら』っていうコント番組でした。

いとう　枡野くんから見た『夢で逢えたら』は上質なコントってこと？

枡野　ディレクターをされていた吉田正樹[2]さんにお目にかかった時に吉田さんが「最もコントが文学に近づいた瞬間だと思う」っておっしゃったんです。僕はお笑いは文学だと思って接しちゃったところがあるのかもしれないですね。そのあと、大人計画（主宰・松尾スズキ）とかＫＥＲＡ（ケラリーノ・サンドロヴィッチ）さんのナイロン１００℃や五反田団（主宰・前田司郎）といった演劇を観るようになってから「なんて面白いんだ」って思った。それでだんだん笑いに免疫がついてきて、お笑いも観るようになったんです。バカリズムさんも二人組の時からずっと観てましたね。

いとう　暗ーいコントやってた頃だね。

枡野　名前が一緒だから親戚だと思って。父の父が「マスノ」なんですが、

1　かつてフジテレビ系で放送されていたアニメシリーズ枠。『ムーミン』『フランダースの犬』といった海外の文学作品などを放送。

2　元・フジテレビプロデューサー。ディレクターとして『夢で逢えたら』『ウッチャンナンチャンのやるならやらねば！』などを手がける。現・ワタナベエンターテインメント代表取締役会長。

字が違うんですね。
いとう　ん？　どういうこと（笑）。
枡野　おじいちゃんの「マスノ」とウチの「マスノ」が違う字なんですよ。そういうこともあるから……。
いとう　いや、そういうことないよ！
枡野　難しい字の「マスノ」ってあるじゃないですか。ゴチャゴチャッとした（桝野）。あっちがおじいちゃんの「マスノ」なんですよ。それがシンプルなほう（枡野）になっちゃって。そういうことがあるなら、バカリズムさんの「升野」も木へんがないですけど、親戚の可能性もあるなって思って。
いとう　お笑いには厳しい枡野くんがそこだけは広く取ったんだな（笑）。
枡野　なくなっちゃった松竹大船撮影所でバカリズムさんが営業してるのをたまたま観たことがあったんですけど、当時、升野さんはやる気をなくしていて、全然お笑いをやってくれなかったんですよ。
いとう　あいつ、何してたの？
枡野　僕は男友達と数人で後ろのほうで観てたんですけど、前のほうに常連客がいて、その人たちをずっといじっていて、いつネタをやってくれるのかなって観ていたら、ネタをやらずにその人たちをいじるだけで終わったんです。

いとう　わー。みんなあいつの笑顔ばっかり見てるから気づいてないかもしれない。升野の狂気がそこにあるね。

枡野　すごかったですよ。あまりにショックだったんで、その当時持っていた音楽雑誌の連載で「あんな人、親戚じゃない」って書いたんです。

いとう　（笑）自分が親戚だって思い込んでただけなんだからさ！　升野もかみつかれるいわれもないけどね。

枡野　僕はエゴサーチが日課なんですけど、バカリズムの升野さんの漢字を間違えて書いている人が多くて。「枡野さんかわいい」「枡野さん結婚したい」って書いてあるのはたいていバカリズムさんのほうなんですよ。最初の頃、全員に「字が違いますよ」って教えてたんです。そしたら、バカリズムの升野さんにブロックされちゃって。

いとう　あ、そうなんだ！（笑）

枡野　まあ、僕のせいなんですけど。ある時バカリズムのライブですごいつまらない時があって、男友達と二人で「ホントつまんなくなったね。解散しちゃえ」って言ったら、それを最後にホントに解散しちゃったんですよ。でも、一人組になってからは……。

いとう　一人組って（笑）。一人でしょ。

枡野　すごい面白くて。ブロックされてますけど、ライブはずっと観に行ってるんです。
いとう　ブロックされてるのに（笑）。枡野くんはバカリズムもそうだし、松尾（スズキ）さんやＫＥＲＡとかも観に行ってるよね。その辺をブロードウェイだとすると、あまり知られていないオフオフまで観てるよね？
枡野　偏ってるんです。テレビをそんなに観てなかったから、みんなが知っている芸人さんはあまり知らなくて、地下芸人はすごく知ってるんですよ。
いとう　地下芸人ってどんなの？
枡野　にゃんこスターの一人がまだアンドレって名前だった時とかクレイジーなネタをやっていて大好きでした。アンドレは男二人組で、ネタの構造はいまと一緒だったんです。でも、いかつい男性が辞めて、かわいい女の子に入れ替わった途端に売れたりするから、ああ世界って残酷だなって。
いとう　笑うってことはある種その場を許容するってことでもあるからね。枡野くんはそこをどう考えるの？
枡野　結局、芸人はなんで売れるのかを考えた時に、かわいげだと思ったんです。
いとう　茶目っ気だよね。
枡野　バカリズム升野さんもかわいいじゃないですか。
いとう　あいつはある時からその路線に行ったんだよ（第三夜・バカリズムの

3　アンドレのスーパー３助がアンゴラ村長に声をかけ、二〇一七年四月に結成。同年十月の『キングオブコント２０１７』で決勝に進出し、二位という好成績を収め、一夜にして時の人となった。

章参照）。以前はあんな笑顔はしなかったもん。だから升野はものすごく茶目っ気的な部分を攻めていくんだなって当時思った。

枡野　僕も思いました。二人組の時のつまらなさと比べた時に。

いとう　そういうひと言がいらないんだよ！（爆笑）　その辺がブロックされちゃう所以なんだよ！

枡野　そうですね（笑）。ホントになんか才能豊かでかわいらしくなって。

いとう　枡野くんはおととし（二〇一六年）の『M−1（グランプリ）』の時に決勝に誰が上がるか全員当てたよね。

枡野　予選からずっと観ていて、準決勝の時に自分がいいと思うものを挙げてたら、それがたまたま審査員の意見と一致しちゃって。八組全員を歌人が当てたとヤフーニュースになったんですよ。

いとう　歌人が当てたと（笑）。

枡野　お笑いだけど、詩歌を選ぶみたいに選んだんですよ。他と比べた時の珍しさとか、去年と比較して成長があるかとか……えらそうでしょ、なんか（笑）。

いとう　でも、ずっと観てるんだからね。

枡野　あと、テレビでの人気度、知名度はあるけど、面白さがそれほどでもなかったものや、自分が個人的に好きなものは外しました。それから『M−

1』は漫才だから、コントっぽいものも外していったら偶然当たっちゃったんです。

いとう　でも、『M-1』はコンテストだから、今言ったような条件が審査としては必要だよね。

枡野　あとは、ダウンタウンの松本（人志）さんが観た時にバカにしないものっていう基準で選んでいったんですよ。

いとう　なるほどなるほど。それはわかるわ。

枡野　松本さんの基準は僕から見たら詩歌の基準みたいなものだと思ってるんです。で、それこそジャルジャルとかが笑えないっていう人がいるんですけど、「それは笑いの素養がないからだ」と言って、僕は多くの人をちょっと怒らせちゃったんです。

いとう　そういうことも言っちゃうわけね（笑）。

枡野　でも、たくさん見ていると、「あ、こういうのあるな」っていう慣れがどんどん出てきて、飽きてきちゃうんですね。当たり前な話ですけど、芸人さんってお笑いについてものすごく詳しいんですよ。僕がいたのはSMA（ソニー・ミュージックアーティスツ）っていう、ハリウッドザコシショウさんやアキラ100％さん、マツモトクラブさんとかがいる事務所だったんです。みんなすごくお笑いを観ているから、何観ても、「これはあれだよね」って、過去の例を挙げて言えちゃうんです。あと、テレビのお笑いだと、今はネタ番組があまり人気ないじゃないですか。その乖離というか、お笑いファンの中にもライブをずっと観ている人がいて、そういう人たちとテレビだけ観ている人は、すごく差があると思いますね。

いとう　ああ。そこが実感できてないんですよ、みんな。

枡野　『M-1』の準決勝を観ていても、**映像になった時に何かが損なわれてしまうネタがある**わけです。テレビの人もたぶんそう思っていて、生で観たら面白いけど映像で観た時につまらなく観えちゃうものは損なんですよ。

いとう　それってさ、全体で見ていると面白いのに、映像に撮ってカットを割っちゃうと面白くないってこと?

枡野　例えば、マツモトクラブさんは、生で観ると彼の生身の声と録音の声のかけあいがすごくおかしいんですけど、テレビで見ちゃうと全部映像として音声が入ってきちゃうから、落差が見えなくておかしさが減ってしまったりするんです。

いとう　あ、なるほど。構造上、彼の生声がテレビで見ると生声じゃなくなるもんね。

枡野　あと、ハリウッドザコシショウさんなんて、生で観ると息が苦しくて気が狂うくらいおかしいんですよ。

いとう　まあね、そうだろうね（笑）。

枡野　でも、テレビで観ると……。

いとう　ただの頭のおかしい人だ。舞台だとそこにいる人が狂ってるとは思わないからね。舞台に順番に出てくる時点で最低限の理性が感じられるわけで。

枡野　そう見えちゃう場合もあるんですよ。冷静に見ちゃうから。その、ライブとテレビの違い、残酷さというか、温度差はすごいと思います。

いとう　あと、例えばハリウッドザコシショウの持っている愛嬌がカメラに映るかどうかってことじゃない？　テレビで温度が拾えないっていうのは、カメラマンがどういうふうに割って撮るのかという技術的な問題になってくるんだけど、ここの問題は結構大きいんですよね。

枡野　逆を言うと、アキラ１００％さんは生で観るとちょっと生々しいんですよ。最前列の端で観ていて目の前で裸でやられると、結構見えちゃったりもするし。

いとう　あ、そうか。実はもう見えてるんだ（笑）。

枡野　アキラさんの場合は、テレビだと爽やかに見えるというか他人事に見える。

いとう　身体がワンクッション置いて伝わるからね、テレビは。
枡野　だからテレビの中で完成した感じがしますよね。
いとう　舞台の笑いとテレビの中での笑いが違ってくるのは明らかで、客層も違うのは当然なんですよね。ライブを観に来てる人と、番組を見てる人は実は笑いに求めてるものが違う。となると、現場でやるほうはものすごくやりにくい。笑い待ちをどうするかは、芸人にとってはものすごく重要なテクニックなんだけど、笑ってる間にセリフをかぶせちゃうと聞き取れないから、そこのウケが減ってしまう。でも、そこで変な笑い待ちをしちゃうと、テレビ上ではおおいにテンポが狂っていくことがある。
枡野　そうなんですよ。だから二つのバージョンをやらなきゃならないというか、予選で勝ち抜いた上でテレビでは違うことをやらなきゃならない。にゃんこスターを『キングオブコント２０１７』の予選で観た時に「あ、これはテレビ映えするし、テレビでも全然損しないネタだ」と思って、これは上に行くなって感じました。それはたぶん、放送作家の方はみんなそういう目で観てらっしゃるのだと思うんですよね。
いとう　にゃんこスターのネタの構造をあえて説明しとくと、彼女が縄跳びをしている。一番盛り上がるところになると縄跳びしない。そのことをずっと解説している側が好きになっていっちゃう、と。枡野くんはどこが一番新しく見えたの？

枡野　あれは以前、ロビンフットのおぐさんという芸人が『R−1（ぐらんぷり2017）』でやった、禿げた頭をいじっていると「禿げてるよー」ってみんながガヤを言うネタがあったんです。もっと前に先行例もありますが、あれと構造が近いと思います。つまり**ニコニコ動画とかネットでみんなが味わっているツッコミを代弁しているんですよ。**

いとう　なるほど、なるほど！（スーパー）3助さんは「キターーー！」とか言ってるやつをツッコミで見せているんだ。

枡野　それを生でしゃべってやるというおかしさですよね。加えて、アンゴラ村長さんのかわいいビジュアルもあります。3助さん自身が「なんてハートフルなネタなんでしょう」って言うんですけど、絶対ふざけているんですよ。さらにアンドレ時代からやってるネタを知ってると、ここまでかわいぶってるのがさらにおかしいんです。

いとう　にゃんこスターは本来通向けの笑いが、中学生、高校生に一番ヒットしたってことなんだね。それは重要じゃん。

枡野　子どもには先入観がないから、かえってかわいらしさが笑えたりするという二重構造になってると思うんですよね。ものすごくお笑いマニアか、本当に素直な子ども、そのどっちかが笑っている。真顔で見たっていう人たちは、中途半端にテレビだけ観ている人たちなんですよ。

いとう 厳しいねえ（笑）。にゃんこスターのネタも詩歌のひとつなわけ？

枡野 詩歌というのは大げさに言ったんですけども、ただ、俳句とかとやっぱり近いと思いませんか。俳句の世界で「つきすぎ」といって、**言葉が近すぎると退屈で、ちょっと距離がある言葉を組み合わせると面白い**というのがあるんですけど、お笑いもそうですよね。

いとう そうなんだよ。語順の問題や、比喩の対象、ここのところがホントに絶妙なところがあるんだよね。似すぎているのは、ホントにそれが近すぎたら全然面白くない。あとダジャレもそうだよね。ダジャレも音にすごく近いダジャレはやっぱりオヤジギャグって言われちゃう。ものすごく離れたものを無理矢理やってく時こそ面白い。

枡野 そうなんですよね。

いとう これは脳の問題だと思っていて、前回の升野の時も、脳から記憶が引っ張り出される瞬間が面白いんじゃないかって話したの。「何かが似てる！」って感じた時に人は笑う。ここは不思議だよね。認識の何か、快楽があるんだと思う。

枡野 それはそう思いますね。僕、何に人生で一番笑ったか思い出してみたんですよ。そしたら、タナカカツキさんがやっていた演劇ユニットで文学坐《ぶんがくずわ》りっていうのがあったんです。「文学坐」に「り」を付けただけのユニット[4]名がホントに好きで。文学座を連想するし、体育座りとかも連想するじゃないですか。

いとう　よくできてる名前だね。

枡野　既存のものに近くて、ちょっとしか違わないのにすごくズレてるっていう。「文学坐り」っていう言葉だけで笑ったことがあるんです。

いとう　（笑）まあ、これはつきすぎじゃなくて、まったくつきすぎてない。頭の中でまったく結びついたことがないものがそこでちょっと二重に見え隠れした時のおかしさがあるよね。重ね合わせて、ぴったりと重なっているおかしさというよりは、近づいた結果の無理矢理感というか。なに、これは？

枡野　倉本さんもこの対談でおっしゃってましたけど、作り手の思惑みたいなものがおかしいというか、「そこを近づけようとしたか！」という企みがおかしいっていうのがあると思うんですよね。

いとう　いま、細かい問題に入ってるね。実際にそれが似ているっていうこと自体が本能的に何かおかしみを生む。と同時に「そこわかるだろ？」と言ってきている相手の企みに気づくと、何かこう「俺もわかるよ！」っていう共感みたいなものが乗る。

4　俳優の小林拓生とタナカカツキが一九九一年に結成した映像劇団。

枡野　そこは作り手目線だから、やっぱり詩歌に近いんですよ。詩歌も結局はみんな作り手になっちゃうから。詩歌の良さって、みんな作り手として「私もこう考えたかった」っていう面白さだと思うんです。自分が思いつきたかったなという。俳句もそうですよね。でも、その逆もあると思っていて、本人の意図と違う、本人がこういう意図でやってるけど、その意図じゃないところでおかしい場合もあるし。

いとう　後者は舞台で言うと、一人だけ自分で言っていることのバカバカしさに気づかずにとうとうと演説してることをまわりが全員おかしくてガヤガヤしてるとかだよね。

枡野　ちょっと例が遠くなるかもしれないんですけど、パチンコっていうネオンの「パ」がよく消えますよね。で、「チンコ」っていうのだけが残るのがおかしいんだけど、それをもしパチンコ経営者がみんなを笑わせようと思って「パ」をわざと消していたら、それを知ってしまった時点で「ふざけんな！」って怒りがこみあげる。それはやっぱり無自覚であることのおかしさなんですよ。

いとう　「あ、気づかないんだ」とか、「直さないんだ」っていうおかしさだよね。

枡野　なんか「あー気づいてないんだ、教えてあげたい、うしろうしろ！」

ていうやつですよね。

いとう　「志村、うしろうしろ！」のおかしさだよね。

短歌を伝えたくて

枡野　演劇に出たことが三回か四回あるんですけど、基本的に僕、笑いを取る役なんですよ。コメディ・リリーフっていうんですか。自分は一生懸命やっているんだけど、笑いが取れちゃうっていう感じで。

いとう　それ、不本意？

枡野　いや、楽しいんですけど、これは演出家が僕の変なところを活かしてくれてるんだなと思って。自分が演劇に出た時に、自分がこんなに笑いが取れるんだってことがあったから、お笑いやっちゃおうって思ったんです。まあ、実際にやってみたらとても大変だったんですけど。最初はダンサーの人と組んだんですよ。

いとう　もう、何やってんの（笑）。その時点でダメじゃん。

枡野　四十四歳の時に始めて、相方が木皮成くんっていう二十二歳のダンサーだったんです。今も振付家として活躍しているんですけど。二人ともメガネをかけていたのと年齢がゾロ目だったから「ゾロメガネン」って名前で。

いとう　俺は嫌いじゃないけどね（笑）。

枡野　ダンスと短歌の組み合わせが難しくて、何もできなかったんです。

いとう　え、なに、それは身体の動きと言葉がってこと？

枡野　ダンスを踊ってもらってる最中に、僕が短歌を書くとか……誰が求めてるかわからない状態でやっていて。

いとう　そうだね（笑）。それはお笑いじゃなくて普通にパフォーマンスだから。

枡野　だんだんそのダンスの相方が忙しくなって、ネタ見せに来なくなって、どんどん一人ぼっちになってピンネタを始めて……っていう流れだったんですよ。

いとう　ピンネタはどうだったの？

枡野　ピンネタは、初めて『R－1』に出た時に二回戦までは行ったんです。事務所の先輩でも二回戦に行けない人が多いんです。結構すごいことなんですけど、僕よく職務質問にあうんですね。それで職務質問にあって短歌について説明することが実際にあったんです。

いとう　おまわりさんに言ってるんだ（笑）。それは面白いね。

枡野　本当にあった職務質問シリーズっていうんですけど。僕がスケッチブック見せてから、短歌を説明して、おまわりさんに「おまわりさん、おまわりさんは若いからわからないと思うけどね、愛は終わるんだよ」とか言って離婚話をするというネタです。でも、それは長くやると面白いんですけど、『R-1』は予選の時間が二分くらいしかないんですよ。

いとう　なるほど。ダラーッとした雰囲気が巻き込める笑いと、二分でネタをいくつかギャグをいくつか重ねて点数をとらなきゃならないのと、究極的にやり方が違うからね。

枡野　僕は本当に警察の人に離婚話しちゃうような性格だから、そこはリアリティがすごくあるはずなんです。でも、そこまでいかないで終わっちゃう。しかも**お笑いをやる一番の目的が短歌を伝えることだった**んですね。それがまた……。

いとう　え!?　短歌を伝えるためにお笑いをやってたの？

枡野　短歌のためにお笑いを利用しようとしてたんですよ。

いとう　それはまたすごいこと考えたね。

枡野　普通の芸人さんはモテたいとかお金がほしいとかじゃないですか。僕は短歌を伝えたいっていう。

いとう　そこはもう狂ってるね（笑）。

枡野　邪念から始まってるから。

いとう　邪念っていうかさ、それは邪念とも違うよ。

枡野　そこがまた先輩たちにも「なんだこいつ？」と思われてて。

いとう　鼻に付くなあ、みたいな感じになったんだろうね。「真面目にお笑いやれよ！」みたいなことになってくるじゃん。

枡野　でも、僕自身はすごく真剣なんです。ソニーの事務所ライブがあって、下から番外編のＨＯＰ・ＳＴＥＰ・ＪＵＭＰがあって、銅のたまご・銀のたまご・金のたまごっていう六つのクラスに分かれているんです。それを僕だけがずっと全部観ていて。人の顔を覚えるのが苦手なので、ちゃんと似顔絵描いたり、メモしたり、フルネームを覚えたりしていた。ある時期のソニー芸人は僕が最も詳しいくらいなんですよ。あとソニーはどんなにひどいレベルでも、絶対にライブに出られるというルールがあるので、事前のネタ見せで落ちないんです。だから「この人はダメだー」とか、すごい勉強になるんですよ。

いとう　なるほどなるほど（笑）。なぜダメなんだろうってことも考えて観るわけね。

枡野　ＨＯＰから金のクラス分けの中でも、一番下のＨＯＰの人たちが意外と面白かったりとか、金よりも銀のほうが面白かったりするケースもあって、必ずしも一番上のクラスの人がいいわけではないところもあるんです。

いとう　それは、枡野くん的に笑いの角度というか種類が違うものをえぐってるってこと？

枡野　僕が文学趣味だからかもしれませんけど。ケジタンという二人組がいるんですよ。音声を流して、二人で紙芝居の絵をめくっていくんですが、ステージで一言もしゃべらないでネタをやったりするんです。たまにめくるのを間違えることを彼らは「噛む」って呼んでるんですけど、ステージに上がってきて、ただめくって去っていくだけというスタイルが、ライブで観るとすごく面白いんです。わざわざステレオにしてめくってるよ、とか。絵がまた上手なんです。左右の絵で立体的な面白さを出すためにステレオになってるんですよ。

いとう　ちょっと絵の角度が違うってこと？

枡野　左右の絵が組み合わせによってでっかい絵になるんですけど、めくる速度が違ったりとか、でも、映像で見てもその面白さは全部はわからないんです。

いとう　その面白さって何なのかな？　絵がシンクロしてることとなのか、ネタ自体の中身のひねりが面白いのか。

枡野　映像で見た時にはたぶん、紙芝居の面白さだけが伝わると思うんですけど、それが現場だと、この人たち何もしゃべってないというのがまずおかしいわけです。

いとう　ああ、普通じゃない独特な世界ってやつね。

枡野　とにかく絵の数がやたらと多いんです。だから、次々と絵が出てくるのも面白いし、こんなバカバカしいことのためだけにこんなに絵を描いてるってこともおかしい。**数が多いってまずおかしい**じゃないですか。

いとう　おかしいよね。倉本《くらもと》っちゃんの時にも話したけど、とにかく余計であること、過剰であることの度合いが強いとおかしいってやつだよね。そのおかしさって、結局前提となる知識というのがあるわけでしょ。フリップネタは知っていると。でも、そんな速度でそんなたくさんはフリップめくらないだろう、っていうところがまずおかしい。でも、それはフリップネタを知っていないと出てこない笑いのひとつだよね。さらに芸人は舞台に出てきたら基本的には何かしゃべるよね、っていうのがあって、それがしゃべらないというひねりがあることが、もうこいつらすげえなっていうおかしさになり、長引けば長引くほど笑いがうねる場合がある。で、その前提条件がどのくらいまでが限度なのかを枡野くんは厳しく言ってるわけでしょ?

枡野　そうですね。わざわざ二人で出てきてしゃべらないとか、おかしいじゃないですか。でも、それもお客さんと演者が共有しているものの差です。それこそ差別ネタとかだって、差別から遠い人たちが客席にいれば、自分と関係ない他人事だと笑えると思うんですよ。僕、結婚したこともあって子どももいるんですけど、実は今、恋人が男なんですね。

いとう　ああ、らしいね。

枡野　それで（新宿）二丁目にも十数年通っているんですけど、二丁目界隈の常識をすごく身につけてしまったから、もう男性同士の恋愛がおかしくなく感じちゃうんです。でもお笑いライブに行くと絶対一回くらいは同性愛ネタが入るんですよ。そういうネタは僕から見たら「うわっ、これ二丁目の友だちに見せられない」とか、顔が青ざめていく感じなんですよね。きっと他人事だと面白いんです。結局、今テレビのお笑いが困難なのは、いろいろな人が見ているから、どこにめがけていくかわからない。ライブだと、わざわざ足を運ぶお客さんだから、能動的に接してくれるし、たとえ男尊女卑のネタでも、なんとなく笑ってくれたりする。テレビでこれやったらまずいなとかはよくありますよね。

いとう　それに気をつけること自体は悪いことではないと僕は思う派なんですよ。人を傷つけて成立してる一方的な笑いは根本的に面白くない。だけど、だからといって無色透明な笑いがいいのではない。やっぱり弱い人を攻撃する笑いが卑怯なんですよ。多数とか強い立場とかから弱いやつをからかうのは、単純な下ネタみたいに簡単だし、テクニックもいらない。ただし、そこで誰が弱者か判定していくのは、テレビのスタジオにしかいない人には体感として無理になってくる。その上、あれもダメこれもダメと手足縛られた場合に笑いに何が残るのか、心配はある。うなぎの稚魚が少ないよ、なのにうな重なんか食うなよみたいなことと似てるよ、これ。

枡野　そうなんですよ。そっくりなんですよ。

いとう　初発のところで機械的にいろいろ抑圧されていくと、どこがキワキワなのかがみんなにわかんなくなっちゃう場合がある。

枡野　そのへんは、自分は短歌の世界で仕事をしているから、客席が全員歌人だったら、歌人にあてて笑いを取ろうと思うわけです。でもお笑いのライブの現場はそうじゃない。どんな客層かに本当に左右されると思うんです。いとうさんが帯で推薦文を寄せているチャド・マレーンさんの本（『世にも奇妙なニッポンのお笑い』ＮＨＫ出版新書）を読むと、海外出身の芸人さんが日本の笑いを冷静に見ている。それを読んでも思ったんですが、日本は義務教育がみんな一緒だから、わりと共通のトラウマがあると思うんですよ。

いとう　実際クラスネタは多いよね。学校という制度の前提に立つと、すごく笑いが取りやすい。だから逆に、ひねくれた人はそれをやりたがらないってことはあるんだけど。

枡野　そうなんですよ。例えば今、インターネットのことをお笑いにしている明日《あす》のアー[5]とかは、常にインターネットに接している人向けで、しかも十年前だとおかしくなかっただろう、十年後にもおかしくないだろう、今しかおかしくないというディテールで笑いを取る。あれはそういう人が客席に集まってきているから、大爆笑なわけですよ。

いとう　これは彼らの舞台じゃなくて、映像ネタなんだけど、『Windows Update は突然に』っていう作品があるよね。それは「したコメ（したまちコメディ映画祭 in 台東）」の短編コンペティションでグランプリを取った時のネタだけど（したまちコメディ大賞2017グランプリ受賞）、非常にシリアスな場面で Windows のアップデートが始まっちゃう（笑）。で、時間がかかるからイライライラしてるっていうのが延々といろんなパターンで繰り返される。とにかく、繰り返す。繰り返されるのがわかっているけど起こる、それは快感になる。こういう笑いって難しいもので、あまりはぐらかすと、やってる側への憎しみになっちゃう。だけど、すぐ決まり事をやっちゃうと「なーんだもう来るのか」と思われちゃう。このじらしのタイミングがすごくセンスを問われるんだけど、大北（栄人）はセンスいいからね。

枡野　「そこをわざわざ映像化するか！」っていうその企みのおかしさがありますよね。その流れで演劇を出すと、ナカゴーが好きです。十年前くらいから観ているんですよ。

5　Webライター、動画作家である大北栄人主宰により二〇一五年に旗揚げされたコントユニット。

いとう　ナカゴーって、十年前にあったんだね。

枡野　実は昔の方がお笑いに近かったんですよ。今は笑うというより、くどすぎるよみたいな感じですよね。ちょっと前のほうがオーソドックスに笑いを取ってました。今はエスカレートするとこんなにおかしくなっちゃうんだっていう感じです。面白いけど、これ友だち連れてきたら……って。

いとう　まあね、気が狂ってる（笑）。こないだの鎌田（順也）くんが作・演出したほりぶん[6]のうなぎのやつ（『牛久沼』）だってさ、四十分くらいうなぎの真剣な奪い合いをやっていて、突然逆回しが始まるんだよね。逆回しが始まるのはまあいいんだけど、それが十五分くらいずーーっと逆回ししてんだよ（笑）。

枡野　ずーーーーっとやってるんですよね。もういいよ！　っていう感じで。

いとう　そうなんだよ（笑）。過剰だとおかしいってことの例で挙げたんだけど、もう笑いを超えちゃったかね（笑）。

枡野　演劇でもお笑いをやっていた方がお笑いを封印したがる感じってありませんか？　みんながコラムの文体を真似した宮沢章夫さんの演劇も、僕が観始めた頃にはお笑いを封印してたんですよね。

いとう　それはそうだね。静かな演劇。

6　ナカゴーの鎌田順也、女優・墨井鯨子、はえぎわの川上友里によって二〇一五年に旗揚げされた演劇ユニット。

枡野　真面目な、意地でも笑わせまいとしているみたいな感じだったんですよ。それが不思議で。なんでお笑いの人はある時からそんなに急に一切笑わせないようになっちゃうんだろうって。いとうさんも僕が見た時にはもう作家で、あまり芸はやらなかった。

いとう　俺もピン芸はしなくなった。

枡野　ドップラー効果とかの伝説は知っていて。

いとう　ゲロ吐きながらドップラー効果で人が走っていくやつでしょ？

枡野　それも見たことがなくて（笑）。

いとう　想像通りのもんだよ（笑）。でも、それは明確に答えることが出来る。自分はシーンとしたところから笑わせるのが大好きで、それが人に知られるようになると出てきただけで笑う客がいるんだよね。俺、あれが嫌いだから、結局やらない以外なくなった。

枡野　なるほど。結局笑いって、知ってるってことが大きいんですよね。知ってる人が出て来るだけでおかしいから。

いとう　さっき話した「似てるものがおかしい」に近いんだけど、舞台上に自分が認識できる人が来て「あー、この人知ってる！」って思っただけで体が震えるんだろうね。でも同じようでちょっと違うよ。前者は発見のクリエイティビティがあるもん。

枡野　賞レースでも「知ってる」ってだけで笑いが取れちゃうんですよ。僕も自分の仕事関係の界隈だと、枡野さんってこんな人だと知られているから、例えば僕が「短歌界のトップランナーです」って言うと（実際とのズレで）笑いが取れるんですけど、それをコラムに書くと「お前いつからトップランナーになったんだよ！」ってツイッターに書かれちゃうわけです。

いとう　そうだね（笑）。情報というもの自体は、他と違うものがどういう意義を持ってるかっていうことを生んだ時点で情報になって、そうじゃない時点ではホワイトノイズだから。この時にどの人がそこに意味をどのくらいの強度で見出すかってことが人によって全部違うんだよね。百人いて百人笑わせることはできないっていうのが枡野くんの言いたいことでしょ？

枡野　そうなんですよ。僕は短歌をやっていますけど、短歌ってご立派だと思われていて、ご立派なものは笑いから遠いらしいんです。テレビに呼んでいただいても「枡野さんご立派側なんだから、芸人目指してるとか言っちゃダメです」って言われるんです。特に関西の番組では司会者も芸人だし、みんなが厳しいから「枡野さんが芸人目指してるなんて言ったら殺されてしまいますから絶対に言わないでください！」って血相変えて言われて。

いとう　恐ろしいねえ（笑）。

枡野　それで僕が今やってることはどんどん自分の首を締めてるんじゃない

かと思い始めて、お金も続かなくて体力も続かなくて二年でお笑い芸人事務所は辞めちゃったんです。

いとう　最初にダンサーの人と組んで、ピンになって、それからどうなったの？

枡野　一人ぼっちになって、限界を感じて誕生日に芸人の相方オーディションをしたんです。それで来たのが詩人の本田まさゆきという、「詩のボクシング」[7]のチャンピオンになったことがある人だったんですけど。ツッコミ募集したのに本当にボケな人で。もう二人ともボケだからツッコミがいないコンビになっちゃったんです。詩人歌人という。

いとう　あらら。収拾つかないよ、Wボケは。

枡野　すごい不評でした。でも、植田マコトさんという先輩が僕たちをちょっと気に入ってくれて、「君たちはライブではウケないけど『あらびき団』[8]に出たらきっとオーディション通るよ」って言われたんです。

いとう　まあ、褒め言葉かどうか微妙だけどね（笑）。

枡野　実際、『あらびき団』のオーディション通ったんですよ。でも、そのオーディションに行ったら、最初は「コントのネタがいいね」って言ってくれたのに、相方がいかにひどいかを僕が怒り始めたら、そっちの方が面白いからそっち撮ろうってなっちゃって。僕が怒ると、相方がのらりくらりと腹

7　一九九七年にスタートした詩の朗読イベント。ボクシングのリングに見立てた舞台上で二人の朗読者が自作の詩を朗読し、どちらの表現がより観客の心に届いたかを競い合う。

8　二〇〇七年からTBS系深夜に放送されていたお笑いネタ番組。

が立つ感じで入ってくるのがおかしいんです。三十分僕が相方に怒り続けたのに、結局それは編集ができなかったのか、その時のオーディションで受かった人たちの中で僕たちのネタだけが放送されなかったんです。でも何かといつも助言してくれた先輩の植田さんに入っていただいて三人組（詩人歌人と植田マコト）になったら、僕たち二人がひどいことやると先輩がつっこんでくれて大爆笑取れるようになったんです。だけど、これって僕のやりたいことだったんだっけって最後のほうは思い始めて。

いとう　ボケ、つっこむ、ボケ、つっこむ、だったら、枡野くんの考える笑いじゃなかったんだね。

枡野　短歌をやっぱり伝えたくて。

いとう　あ、そうだ。それ、忘れてた（笑）。ごめんごめん。

枡野　その先輩はすごく僕に寄ってくれて。僕が短歌でもう一人がポエムでボケると、真ん中に立って二人にずっとつっこんでくれたんです。僕が短歌を伝えたいから、ダメな短歌だけじゃなくて本当にいい短歌も混ぜるやり方でやらせてくれたんですけど。その気の遣われ方が、いい短歌を入れることで、お笑いを減らしてしまうのはお笑いとしてはダメじゃないかと僕も思っちゃったんですよ。これは足をひっぱってると思って。単独ライブを2デイズやったんですけど、それを最後に僕だけが抜けました。歌人が抜けてすっきりしたってことなのか、二人は、すっきりソング[9]ってコンビ名になりました。

いとう　すっきりソング、売れてるの？

枡野　結構人気出てきて、このあいだ地上波の番組で詩人の本田くんが、ロンドンブーツ（1号2号）の（田村）淳さんに気に入られてましたね。

いとう　ちょっと嫉妬してる？

枡野　……ちょっと。でも、どう考えても二人組だったら行き詰まって殺し合ってたと思うし、三人組になって楽しかったので。植田マコトさんの師匠である笑組さんのはからいで新宿の末廣亭に出て、ナイツさんとかと共演して、しかもちゃんと笑いを取ったこともあるんです。十五分とか結構長めにやったんですよ。

いとう　結構長尺だね。

枡野　もう本当に楽しくて、ずっと頭を叩かれてたんですけど、このまま頭が狂ってステージで死んでしまえたらいいと思って。

いとう　そんなに幸せだったんだ（笑）。笑いをとることは麻薬になるからね。すぐ中毒症状が起きる。でも、それじゃないと思ったんだね。

枡野　僕は離婚経験も笑いにしたかったんですけど、詩人の本田くんがクレイジーだったから、僕が生き別れで会えてない息子に再会するっていう漫才

9　二〇一八年四月に活動休止ならぬ、「消滅」。本田まさゆきは本田静丸と改名し、ピン芸人として活躍。植田マコトはエイテツとのコンビ「はぐれ超人」で活躍。

コントをやろうって言うんですよ。コンビのとき。ひどいでしょ？

いとう　まあ、そうだけど（笑）。

枡野　その生き別れた息子がワルになっていて、金よこせよとか、ぴょんぴょん飛んでみろよとかカツアゲしてくるネタなんですよ。でも、僕やっちゃいましたもん。

いとう　なんでやっちゃうの！（笑）

枡野　そこまでしないとダメかなと思って。ただやっぱり本人にとって深刻なことだから、それがちょっと伝わっちゃうのか、それも今回の話題にしようと思ってたんですけど。

いとう　どういうこと、どういうこと？

枡野　シリアスで悲しいことって他人事なら本当におかしいんだと思うんです。でも本人の悲しみがちょっと出ちゃうと、みんな同情しちゃう。本人が本当に他人事っぽくやれば笑いが取れたと思うんですけど、演じ手として未熟だったので、どこかで本当にこの人かわいそうなんじゃないかという感じが伝わったんだと思うんですよね。

いとう　**やっぱり人間ってさ、表情を読み取る能力に異常なものがある**んだよね。それこそ能面が下向いたり上向いたりするだけで表情が変わってくことも同じだけど。自分は反応してないと思っていても、やっぱり微かな反応を雰囲気で読み取っちゃったらもう動物としての客が出てきちゃう。動物としての客が出てきちゃったらもう笑いはシャットアウト、シャットダウンする。あれはすごいことだよね。逆に言えば、なんだかほんのちょっとだけ顔を明るめにしておけば、とりあえずチャーミングだっていうことも言えるわけで。

枡野　それも微妙な話で、すごくシリアスなことで笑いをとったこともあるし。それはたぶん、観客が他人事だったからおかしかったんだと思うんですよね。

いとう　つまり同情と笑いは相容れないってこと？

枡野　そうかもしれません。怒りも心から怒ってる時に他人事だったらおかしいけれども、同じ怒りをもし客席が共有している場合はただ怒るだけ。

いとう　それは差別ネタで間違えちゃった場合だよね。まあ僕もピン芸の時はそういうのやっていたんだけど、その差別をすることに対しての自分の意識っていうものがありますよということが伝わると客が乗っかってくる場合はある。ネタをやる時に「差別自体も解放されなければならない」みたいなことを言ってからやると、お客さんは免罪符を得ているから乗っていける。だから怒りとか、疑問ってものは、笑いにとってすごく困る。

枡野　「今、セリフを嚙んだな」ってみんなが気づいてるとか。

いとう　そうそう。人によっては「噛むんじゃないよ」って言ってから元に戻ったりするけれど、シティボーイズがそういうことやると、若い頃は陰で「ちゃんとやってくださいよ!」って感じでものすごい睨んでた。でも、最近は芝居の中でやるなら許す。ちゃんと芝居にもってくるのが我々の腕だからね。「部長、口の具合が」みたいな感じで役柄のまま噛んだことを言って「いやいや、すまんすまん」で終わってくれるならいいってなってきた。劇場で携帯電話が鳴るのもそうだけど、みんなの忖度が生じた時ほど寒いものはないね。

企みじゃないくらいまでに見える無作為さ

枡野　今回の対談のお話をいただいてからずっとメモをしていたんですが、すごくいっぱいメモをしたわりには、結局今までのお三方がおっしゃったことに集約されちゃうんだなっていう感じがあるんですよね。

いとう　僕がこの対談でしゃべってないのがあってさ、**リズムを止めると人は笑う**んだよね。もちろん止めどきは無限にあって、これは音楽的な何かとしか言いようがない。笑いにとってリズムはほんとに重要。

枡野　リズムネタっていうのがあるくらいですからね。

いとう　そこのリズムがわかってない人だと、いくら構造が面白くても笑いが取れないんだよね。それはミュージシャンにお笑いの才能があったり、お笑いの人に音楽的才能があったりする理由。

枡野　僕、お笑いで好きな人は誰かを考えた時に、意外と電気グルーヴかなって。

いとう　あの人たち、お笑いなんだ（笑）。

枡野　僕が好きな「かっこいいジャンパー」って曲があるんですけど、なんだこのかっこよさとおかしさはみたいな。うまく説明できないセンスだと思うんです。それこそ詩歌にも近いし、お笑いにも近い。まず「かっこいいジャンパー」ってことを歌詞にしようということ自体が何か変だし、「かっこいい」って言葉なのに「ジャンパー」ってかっこいいんだろうかとか、いろいろイメージが浮かんできちゃうんです。

いとう　さっきから枡野くんが言っている、作り手が企んでるってことね。

枡野　企んでることのおかしさ。しかも**企みじゃないくらいまでに見える無作為さが面白い**んです。「それがかっこいいね」って言うと、ご本人たちは「いや、たまたま思いついたんだよ」って言いそうじゃないですか。そこもまたしびれるというか。

いとう　つまり作り手の企みを客がわかる時におかしいっていうのは、作り手、および作り手が作ったものをやる人が舞台上では企んでるかどうかわからないふりをしたほうがおかしいってことだよね？

枡野　そうですよね。

いとう　ここ重要じゃん！

枡野　**舞台で噛むとダメなのは、演技だということが伝わっちゃうから。**

いとう　リアリティがなくなっちゃうからね。観客としては生きてる時間の中にのめり込んでいたのが、「あ、これ何回も繰り返された冷たい時間なんだ」と思っちゃう。その時にやっぱり笑えないんだよ。

枡野　漫才とかも本当は練習しているんですけど、初めてしゃべるみたいに見えないとダメなんですよね。

いとう　そうなの。僕がいつまでもうまくなんないなって思う若いツッコミが何人かいて、**なんで知っちゃってるんだろう**って本当にがっかりする。

枡野　あらかじめ知った上でつっこんでるのが見えるから、初めて聞いたっていう驚きが伝わらないんですよね。

いとう　あれは演技の問題でもあるし、ある種の才能だとも僕は思う。次に何があるか本気で忘れてるくらいまでいかないとダメ。それでびっくりして、「何言うんだよ！」って言わないとやっぱり面白くないいんだよなあ。これはネタ見せで何度教えても、出来ない人は出来ない。

枡野　本当に忘れるほどバカな人だとうまくいくかもしれない。もしくはすごく緻密に驚きの表現がうまいとか。青年団[10]の玉田（真也）さんが玉田企画[11]というユニットで笑いをやっていて、演技がうまい役者を使うんですよ。本当に初めて知ったみたいに驚く。

いとう　いいねえ。シチュエーションコントで何が一番重要かって、それだもん。そのシチュエーションを何度も味わいつくすにはシチュエーションがおかしいってことにいちいち驚いてくれないと困る。あるいは気づかないってこと。そこにうんこが落ちてるっていうことをちょっと忘れて話をしてから「あっ！」って思わないと、面白くない。

枡野　その本気度が大事ですね。さっきの僕が相方に怒るネタも僕が本気で怒ってるからおかしいんですよ。ネタで怒っているわけではなくて、腹が立ってしょうがなくて。それで真剣に怒れば怒るほどおかしいっていうのがある。だから二人組（詩人歌人）時代の最後のほうは、もう台本書かないで、二人でこういう流れにしようと決めるだけでした。

いとう　それってコント55号[12]じゃん。

枡野　相方をひたすら怒り続けて、そうすると相方が「そうだよ、僕はそう

10　演出家・劇作家の平田オリザを中心に一九八三年に結成された劇団。平田が提唱した「現代口語演劇理論」を通した演劇様式は、九〇年代以降の演劇界に大きな影響を与えた。

11　青年団演出部に所属する玉田真也の作品を上演する演劇ユニット。二〇一四年より活動開始。玉田はお笑い芸人たちと「弱い人たち」というユニットでも活動中。

12　萩本欽一、坂上二郎によるお笑いコンビ。萩本による執拗なまでのツッコミ、それに応える坂上のナチュラルなボケのコンビネーションはコントに革命を起こした。

なんだよ」って飄々と言うんです。それを繰り返すだけなんだけど、それが結局一番ウケてましたね。

人間のやさしさが生む笑い

枡野　この対談企画で今まで出なかったもので、自分もちょっと目指していたものをいうと、「やさしくて笑う」っていうのが今ちょっと流行ってる気がしてるんです。やさしいズ[13]っていうコンビがいるんですけど、名前のとおりネタがやさしいんですよ。素敵な家庭を演じるみたいなことで笑いを取るんですけど、心が傷んでしまった僕のほしい笑いというか。

いとう　肯定するってことですよね。

枡野　肯定するやさしさの笑い。

いとう　おぎやはぎがお互いを褒め合っているおかしさとか？

枡野　あれもそうですけど、今のはもっと本当にやさしい感じなんですよね。

いとう　演技じゃなくてね。おぎやはぎの場合も相方を褒めるっていうことのおかしさを知ってて、しかも本気でやってる感じと企んでる感じを出してる。

13　佐伯元輝、タイによるお笑いコンビ。『キングオブコント2018』で決勝進出を果たす。

枡野　そうですね。でも、その差がどのくらい違うのかっていうと、実は同じだって言われちゃうのかもしれない。やさしいズは何でこれがお笑いなのかわからないくらいやさしい時もあるんですけど、おかしいんです。

いとう　シティボーイズライブでやった僕たちのコントの中で、全員がすごく口が悪くて「ざけんなよテメエよ！」とか激しく言い合ってるんだけど、なんだか実は仲がよくて誕生日のプレゼントはちゃんと渡し合うという構造のがあるのね。やさしさと照れの極端な違いのおかしさで。そのコントの中であまりにみんなが悪く言ってる流れで、お母さんのことをババアって言っちゃうんだよね。そうすると全員の言葉がピタッと止まって「ババアはダメだよー」って言う。お母さんに対してやさしい気持ちが出ちゃうのね。その時にやっぱりものすごくウケるわけ。パターンの裏切りという以上に、だからやさしさみたいなものは、ほっとするのかなあ。そのバカな人たちの中にある、ひとつの**人間らしさがおかしい**のかな。

枡野　そうですね。かわいげとも近いんですけど、ご立派なものは笑えない。そのかわり、**せこかったり間抜けだったりするものは笑えたり、欲望を丸出しにする感じはおかしいと思う**んです。ゲッツ板谷[14]さんのエッセイですごく好きなのがあって、ゲッツさんの新しく名乗りたいペンネームが「翼を2度ください」っていうんですね。

14　元暴走族など異色の経歴を持つライター。著書に『ワルボロ』『板谷番付！』など。

「翼をください」っていう元ネタがあって、それを「2度ください」っていうのがすごく図々しい。しかも「2枚ください」じゃないんです。「2度ください」。一回なくす前提なの。それがなんでこんなにおかしいのかって考えてみると、元の「翼をください」って言葉にも図々しさ、ちゃっかり具合があるという真実が露わにされたことにあるんです。

いとう　なるほど（笑）。

枡野　露わにするってこともすごく大事な笑いの要素で、ツッコミが的確な時に露わになるんですよ。

いとう　核心をズバッと言いあてた時に、笑いになるというね。

枡野　それはもしかしたら客席の中にもあるそういう気持ちが露わにされることで、おかしさになるのかなと。

いとう　なるほどね。まあ、それでなんとなく思うことなんだけど、枡野くんがボケたことを前に言ってるとするじゃないですか。で、お客さんが「あぁ、ボケてんなこいつ」って思い始めた時に、僕が一瞬前くらいにつっこむじゃないですか。それで笑うっていう場合と、枡野くんが言ってる人情噺にすっかり飲み込まれて、お客も一緒に「そうだな、枡野くんはいい人だな」と思ってる時に「それ、おかしいだろ！」みたいな感じにつっこむ場合とでは、後者のほうが笑いが大きいんだよね。自分たちも飲み込まれているものを的確に指摘されると、人は怒らないで笑うんですよ。

枡野　**いったん気持ちを寄せてるのが大事**ですよね。

いとう　だからテクニック的に言えばね、笑わせるためにはいったん寄せてるほうが大きい笑いが生める。そのためには**演技がうまいことはすごく必要なんだ**よね。

枡野　演劇の笑いって、まずすごく上手な演技でみんなが感情移入しているからおかしいんですよね。そういう笑いは今テレビの世界では損をしてい て。僕、マッハスピード豪速球[15]っていうコンビがすごく好きなんですけど、彼らは長くやるとめちゃめちゃ面白いんです。

いとう　「渋谷コントセンター」[16]でも何度も出てもらってるよね。

枡野　長くないと面白くないんですよ。長い演技で、彼らもやさしくて、ゲイネタというかオカマネタをやってもやさしいんですよ。

いとう　よかったねえ（笑）。

枡野　オカマネタでもやさしくできるのか、ってすごい感動して。それはすごくレベルが高いと思ったんです。

いとう　排除の論理では笑わせないってことだもんね。で、別の笑いのシチュエーションを説明しつつ、演技だっていうことをある程度忘れさせていくには結構時間がかかる。

15　坂巻裕哉、ガン太によるお笑いコンビ。二〇一八年五月にオフィス北野を退社し、現在はフリーで活動。

16　二〇一四年から渋谷ユーロライブでスタートした定例のコント公演企画。いとうもキュレーターとして参加。

枡野　演技がうまいとまたゾフィー[17]みたいに、自分のお母さんのことをメシって呼ぶことで「そんなのひどい！」と怒る人がいるわけじゃないですか。わざとやっているのに演技がうますぎて、本当にあの人がお母さんのことをメシとも思ってるみたいに見えちゃうのか。

いとう　イヤな感じにね。それは逆に長すぎるとよくないケースでもあるかも。

枡野　ドラマの役柄を信じちゃったりしますもんね。

いとう　まあ、あれは客という名前の動物ですよ。近頃本当に多いけど、芝居観に行っても笑いを観に行っても、変な設定になると「えー！」って言うの困るでしょ。あんなこと昔はなかったのに、本気にして心配しちゃうっていう。ホント、動物ですよね。

枡野　でも、テレビはそういう人が観ているから、そこが悩ましいですね。客席にも芸人寄りの人が多くなると、詩歌に近づいちゃうんです。短歌も、短歌を作る人たちの「自分が作るなら」っていうのがまずあって。作った人のを見て「あ、さすがだな」って思う面白さだったりするから。今はお笑いもみんな評論っぽいことを書くじゃないですか。それくらいわかってる人たちが笑うんだけど、それが健やかかって言うと、にゃんこスターで笑えない人のほうが健やかかもしれないから、悩ましいんですよね。

17　上田航平、サイトウナオキによるお笑いコンビ。『キングオブコント2017』で決勝進出を果たす。

愛って大事!

枡野　この対談企画で自分も共感したのが、バカリズムさんの言っていた、犬に付けちゃいけない名前で「猫」っていうのは平凡だけど「子猫」にするとおかしいねっていうくだりです。あれはやっぱり俳句のセンスですよね。

いとう　ああ、そうなんだよね。どの季語を持ってくるかみたいなことで、うんうん唸って「プロのレベルはすっごい、え！　そこくる！」っていうやつ。僕も何度か金子兜太[18]さんに目の前で誰かの句の部分を変えてもらうのを見たことがあって、例えば「抱く孫の瞳のうるみ」と来て「鯉のぼり」と付けた人に、「ここの『鯉のぼり』っていうのは付き過ぎていて、まあキャリア五年だね」と兜太さんは言うんだよね。そして、そこに「山法師」っていう植物の名前を持ってきたりする。確かにそれで、ああ決まった、って感じになる。山法師って白くて清潔そうな小さな花をつける植物で、群生してるんだよね。言われてみれば、確かに新鮮な生命の感覚がある。句に合ってる。なんだろね、あの決まったっていう感覚は。

枡野　ただそれも、やっぱりある程度の共有がなきゃダメだから、たぶん動物のお客さんには何が決まってるのか伝わらない。ちょっとしか変えずにすごく落差があることのおかしさというのが、センスのある人たちがやってい

18　日本を代表する俳人。いとうとも親交が深く、俳句の鑑賞法、創作法を語った共著『他流試合――俳句入門真剣勝負！』が文庫化されている。二〇一八年二月二十日、九十八歳で逝去。

ることだと思ってるんです。僕、自分の本のタイトルで『淋しいのはお前だけじゃな[19]』っていうのがあって、それは「お前だけじゃない」の「い」を取ると、急におじいちゃん語になるんですよ。

いとう　そうなるし、例のリズムが止まるおかしさね。

枡野　最小限というのも大事で、替え歌もそうですよね。ちょっとしか変えちゃダメ。

いとう　そうなんだよ。全部変えちゃダメなんだよね。それは違う歌だから。

枡野　そして、そういうのって、僕の思う詩歌に近い。

いとう　最終的にはセンスとしか言いようのないところに行く。

枡野　行っちゃうんです。

いとう　説明のできない、まあそれが俳句だと「しをり」とか「細み」とかなのかな？　たしかに侘び寂び感じるわ、っていう不思議なところに行くとか。例えば「〜や」みたいな切れ字があるでしょ。調べても調べてもなんで切れ字じゃなきゃいけないんだかわからないんだよね。誰も説明してくれないよ。

枡野　そうですね。

いとう　でも、確かに「〜や」って切ってあると、映像がダブルで見える感

19　二〇〇三年に発売された枡野浩一の著作。タイトルの元となっているのは、一九八二年にTBS系で放送された市川森一脚本、西田敏行主演のドラマ『淋しいのはお前だけじゃない』。

じが違うんですよ。「〜の」でつないじゃったらもうくっついちゃうの。それはリズムであると同時にイメージの質みたいなものかな。「古池の　蛙飛び込む　水の音」だとやっぱり十点満点で二点か三点なんだよ、たぶん。理屈になっちゃう。ここを切るか切らないかってところが笑いにも似たような何かだろうと思うんだけど、それがわからない。

枡野　**イメージ喚起力は大事なんですよね。**短歌で笑いを取ろうとがんばったけど、結局自分の短歌であんまり笑いは取れなくて、自分の短歌塾の教え子の短歌で笑いを取ったことがあります。ＥＸＩＬＥ短歌なんですけど。

いとう　なんだよ、ＥＸＩＬＥ短歌って！（笑）

枡野　いっぱい書いてもらったんですけど、一番ステージでウケたのが「姪っ子がエグザイルの絵を描いている　こげ茶と黒がなくなりそうです」（二葉吾郎）。

いとう　（笑）

枡野　それは姪っ子が描いている姿が浮かぶし、クレヨンで空を描いて青が減っちゃうとか、白が残っちゃうとか、みんな経験があるじゃないですか。そういうもので急にリアルになるし、姪っ子は本当にＥＸＩＬＥが好きなんだろうなって。

いとう　そこなんだよね！

枡野　あとＥＸＩＬＥって黒いなあっていうみんなが思ってるイメージも想起されるし、いろんな情報が入ってる。

いとう　この短歌がいいところは、けっしてＥＸＩＬＥをバカにしてないってところだよね。

枡野　そうなんですよ。ＥＸＩＬＥなんてダサいとか、ＥＸＩＬＥなんてただの兄ちゃんじゃないか、だとおかしくないんです。真剣に、こげ茶と黒がなくなってるっていう事実がいいんです。

いとう　その**指摘が合っているのが一番面白い。愛があるとホントに笑いは倍増するよね。**

枡野　そうですね、愛が大事かもしれませんね。

いとう　愛を持って指摘する。それは僕が『ザ・スライドショー』でみうら（じゅん）さんへのツッコミで自分でも言ってることなんだけど、完全にバカにしてつっこむとある程度の笑いは取れるんだけど、みうらさんのことを本当に好きだけど、ここだけはダメだって気持ちで指摘をすると、笑いはドーンと深いもんが来るんだよね。やっぱ気持ちがいいのかな、愛は。

枡野　それはお客さんもきっと同じことを、愛を持って思っていたんでしょうね。愛で思い出したんですけど昔、十何年も飼ってた猫が死んだ時に火葬しに行ったんです。骨を壺に入れてくれる時に「壺に入らないから骨を砕きますね」って言われて係の人がゴリゴリって真面目な顔で骨を砕いていったんですけど、その時にあまりにおかしくて笑っちゃったんです。そのあとも一日中笑ってた。愛情持ってた、かわいがっていた猫なのに。笑っちゃった後に、悲しいのになんでこんなにおかしいんだろうって自分でも思った。その時のことをよく思い出すんですよ。

いとう　それはなんだろうねえ。落差なのかな。

枡野　不謹慎ネタがテレビで問題になる時に、みんな怒り始めるじゃないですか。それは不謹慎を面白がっていた自分を否定されるのがつらいからなのかもしれない。

いとう　今の人は怒られるってことにものすごい敏感だよね。だから怒られると反発して、自分から怒っちゃうのね。それはちょっと時代の病理的なところが僕はあると思う。これは炎上しちゃうってことに対するネット空間が生み出してるものだと思うんだけど。それで上手に謝る人がいたらすごく面白いし、気持ちがいいんだろうになあと思う。うまいなあ、気持ちが入ってるんだなあ、みたいな謝り方する人いないよ、あんまり。

枡野　あんまりいないですよね。謝りネタ（笑）。それは、できるかもしれませんね。

いとう　**また芸人やる気なのかよ！**（笑）

枡野　いやいや（笑）。確かにうまい謝りって感動しますよね。

いとう　もう時間だから終わるよ。

枡野　でね。

いとう　でね、ってなによ！

枡野　ひとつまとめっぽいことを言わせていただきたいんですけど。

いとう　まとめてよ、じゃあ。

枡野　お笑いってみんな内輪ネタだな、と思ってるというか、どこまで内輪を共有できるかの範囲の問題だと思うんです。詩歌に近づけて言うと、ものすごくシュールなものは、わからない。ものすごく明確なものは、つまらない。**わからないとつまらないの間の狭い部分が笑える部分だと結論づけました……**真面目ですか？

いとう　（笑）っていうか、今までの流れから急にそこに行ったからびっくりしただけ。いや、わかりますよ。あまりにも全員が理解してることはつまらないんだよ。それは教訓みたいになっちゃうから。ダジャレみたいなものも、その言葉はほぼ聞こえないだろうのギリギリをどこに設定するか。これはもうセンスの問題だよね。ひょっとしたら時代時代で、何人の、どんな人が集まってるかによっても違うんだろうし。ただ、ズラしてくっつける。これの脳の作業が常に面白い。

枡野　あとはどんな人生経験してるかですよね。僕なんか離婚ものとかちょっとでも出てくると泣いちゃうんで。

いとう　（苦笑）

枡野　『クレイマー、クレイマー』[20]の最初のほのぼのとしたシーンでもう泣いちゃうんで。

いとう　……それはちょっと病気かもしれないな。

枡野　すごいですよ、泣き方が。泣く自分を一回、動画に撮ったことありますもん。その映像を発表したら面白いかなと思ったんですけど、悲しいだけでした。

いとう　（笑）残念……ということで枡野浩一くんでした。

枡野　ありがとうございました。

20　離婚、親権問題などをテーマにした一九七九年のアメリカ映画。ダスティン・ホフマン、メリル・ストリープ出演。

第五夜

宮沢章夫

宮沢章夫
（みやざわ・あきお）

劇作家、演出家、作家。1956年生まれ。1985年、竹中直人、いとうせいこうらとのユニット「ラジカル・ガジベリビンバ・システム」を結成し作・演出を担当。その後、マダガスカルに長期滞在したのち帰国。劇団「遊園地再生事業団」を主宰し、1992年に発表した『ヒネミ』で岸田國士戯曲賞、2010年、『時間のかかる読書』で伊藤整文学賞（評論部門）を受賞。その他の著書に『東京大学「80年代地下文化論」講義』『ボブ・ディラン・グレーテスト・ヒット第三集』『笛を吹く人がいる――素晴らしきテクの世界』などがある。早稲田大学文学学術院教授。

芸能としての笑い

いとう　こんばんは。「今夜、笑いの数を数えましょう」、今回のゲストは宮沢章夫さんです。

宮沢　宮沢です。

いとう　宮沢さんが頻繁にイベントをブッチぎったり遅れたりしている情報ばかりが僕に届くから、きょうはすごく心配してました。

宮沢　いやいや、それは誤解です。

いとう　そう？

宮沢　みんなが八〇年代頃の僕のイメージで語るから、そう感じるだけで、実際には約束を破ったりしないし、遅刻もしていない。最近一番やらかしたのは卒業式に行かなかったことかな（笑）。

いとう　まあ、それは教師としてあるまじきことですよね。

宮沢　ゼミ生に修了証書を渡すっていうイベントがあることを知らなかった。ゼミ生を送り出すのが初めてだったんだよね。それで卒業式の修了証書渡す時間の三十分ぐらい前に学生から電話かかってきて……、寝てたんだけどね……（笑）。

いとう　宮沢さんそういう時、よく寝てるんですよね。

宮沢　……うん。

いとう　うん、じゃなくて（笑）。

宮沢　でも、八〇年代はたいてい風呂に入ってた（笑）。

いとう　そうでしたっけ？

宮沢　きっぱり言うようなことじゃないけど、でも、あえて言わせてもらうなら、たいてい風呂に入ってたんだよ。

いとう　今、僕の頭に浮かんでるのはカバ。水の中にいるか、寝ているかっていったらカバでしょ。

宮沢　カバだね（笑）。というか、人ってたいていカバじゃないかな。寝るし。風呂に入るし。あと、大江健三郎さんの小説に『河馬に嚙まれる』[1]っていうのがあるけど、素晴らしいタイトルだよね。

いとう　あんなの思いつかないし、思いついても発表しないでしょ、普通。いや、それはともかく、前回の対談で枡野（浩一）君は**演劇の笑いを**

1　一九八五年に発売された大江健三郎による連合赤軍を題材にした連作集。

知らない人は笑いを語るべきじゃないとまで言っていたんですよ。単にお笑いだけ見ていても、笑いはわからないと。僕も枡野君が言っていることはなんとなくわかるんです。「渋谷コントセンター」で、キュレーションという形で参加しているんだけど、演劇の人も三十分、お笑いの人も三十分ずつ受け持って、四組ぐらいで二時間のコントをやっているんです。その時に驚いたのは、演劇の人たちは平気で人数を増やすんですよね。

宮沢　（爆笑）

いとう　もちろん、六人、七人でやったって別に全然いいんだけど、お笑いの人にはその人数でやるという発想がない。

宮沢　遡ると脱線トリオ[2]まで行くと思うけど、コントだったら普通は二人か三人ぐらいって考えるよね。

いとう　そうなの！　頭が固くなっちゃっているんです。例えば八人でやりたいと思わないし、思ったとしても人材を自分たちで探せない。だけど、演劇の人は初めから平気なの。

宮沢　舞台には、そういったワクがないんだな。何かやりたいことがあって、そのために八人必要だったら集めればいい。演劇の発想だと、そうなるよね。一方、お笑いの人たちは自分と息が合うかとか、そういうことを考えて厳選するっていうか。お笑いの人たちの一番やりやすい方式は、まず人数

2　由利徹、南利明、八波むと志によるコントユニット。当時は売れない喜劇俳優であった三人が一九五六年に活動をスタート。トリオコントのはしりと言われている。

から決めていくことなんじゃないかな。

いとう　だからこれって、**笑いを作る側の事情と何を作るかの問題のどっちを優先するか**ってことじゃないですか。

宮沢　そういうことだね。あ、でも、やっぱり八〇年代になるけど、「百人コント」[3]っていうのをやったな。誰かがなにか言うと百人がずっこけるっていうね（笑）。すごく単純なコント。たしかにあれは**何を作るか**を優先してた。「お笑いの世界」はビジネスって側面も強いし、人数が多いと移動だけでもお金がかかるでしょ。

いとう　しかも演劇の人たちは、最初の十分間、笑わせなくても平気だもんね。

宮沢　最初につかまなきゃいけないとか、それが笑いの基本だとか、よくわかっていないんだよね、きっと。

いとう　そうなの？（笑）

宮沢　昔、たまたまラーメンズが出ているテレビ番組を見たんだけどね、どんな種類の番組かまったく記憶にないけど、そこに立川談志[4]さんが審査員でいた。談志さんがラーメンズについて**「まあ、面白いけれども芸能じゃないんだよな」**って言ったのね。ここには深い意味があるんじゃないかと思う。もう一つ印象に残っているのはレオナルド熊[5]さんの言

3　シティボーイズらによるコント。「朱に交わればシュラシュシュシュ」「私になにか、九日十日」などといったバカバカしいひと言ギャグを発し、効果音とともにその場にいる百人が崩れるようにずっこける。

4　落語家。落語立川流家元。「落語とは人間の業の肯定である」という独自の落語論を掲げた昭和から平成の名人の一人。一九六五年に発売された著作『現代落語論』は多くの落語ファンに影響を与え、今なお読み継がれている。

5　コメディアン、俳優。石倉三郎とのコンビ、コント・レオナルドで人気を博す。

葉。アマチュアですごく普通の女の子だけど、面白い子っているじゃない。熊さんが彼女に「でも、これはお金にならない笑いなんだよな」って言ったんだよ。この二つは非常に大事なことかもしれない。

いとう　芸能であるか、金が結びつくかどうかの笑い。それだけで二時間しゃべってもいいぐらいですよね。

宮沢　さっき言った最初の十分間笑わせなくてもいいというのは、演劇の人はそこに欲があまりなくて、一方でお笑いの人は舞台に出ていったら、たとえば、最初の三十秒で三回は笑いを取らないと不安になるってことじゃないかな。というかまずそれが前提でしょ。だから、客前に出てったら最初にいきなり笑わせなきゃいけないという強迫のようなものが芸人さんにはある。それって今に始まったことじゃないね、僕らが笑いをやっていた頃だってそうだった。

いとう　早めに判断されちゃって、あいつらはダメだとか言われると、それでランクが平気で落ちてしまう。ひょっとしたら今の芸人は組織人になっちゃっているのかもしれない。昔はもっと平気で事務所変えちゃうとか、あの人今どこに所属してるの？　みたいなブラーッとした人がいましたよね。

宮沢　いたねえ。

いとう　今はああいう人がいなくなっちゃったでしょ。

宮沢　現在のそうした事情を僕はよくわかってないんだけど、事務所の縛りが昔はそんなに厳しくなかったんじゃない？　いろんなところの人がどこに所属しているとか関係なく集まって、なにかやってたと思うんだ。僕から見ると少し古いタイプのコントの人たちだったけど、田端グループ[6]ってのを作ってたりとかね。

いとう　それはたぶん**寄席があったから**だと思うんです。

宮沢　ああ、たしかに。あらかじめ「場」があったんだね。

いとう　今みたいな事務所ライブとかではなく、寄席が仕切っていたんですよね。席亭が気に入った人を寄席に呼ぶというのがまずあって、中には持ち時間を守ってくれれば誰でもいいというのもあった。具体的なシステムの問題が意外にお笑いに影響を及ぼしている可能性はありますよね。

宮沢　その仕組みを壊したのはテレビの出現だったでしょう。そうした時代の変化を否定するつもりはないけど、テレビが笑いを変えたし、それに乗れなかった芸人さんは消えていくしかなかった歴史がある。テレビだと決められた時間内できっちり笑わせなきゃいけないよね。今は三分間とかでしょ？

いとう　昨今はもっと削られてる。

宮沢　コントってことで考えると、それで笑わせるためにはすごい技術が必要になる。

6　田端を根城にするレオナルド熊やポール牧のもとに自然発生的に集まった芸人集団。

いとう　一瞬のフリで状況をわからせる。あるいはわからなくてもいいから何かしら状況を作らないと落としていけないんです。さっきの十分間笑わせなくてもいいという発想はテレビではあり得ない。テレビ番組だと、それは全然面白くなかったっていうことだし（笑）。
宮沢　「で、何だったんでしょうね」って幕が下りちゃう（笑）。それでもいいんだよな、演劇の発想だと。だめなんだけどさ（笑）。だから『（爆笑）レッドカーペット』とか『エンタの神様』とか見ると、芸人さんの、その存在とは別に、背後にいる作り手の姿を強く感じるんだよね。この人はどう見せたらテレビ的に面白くなるかって考えてる人の存在が強いと思った。でなかったらさあ、コウメ太夫って意味がわかんないじゃん（笑）。
いとう　変わった人なんですけどね（笑）。
宮沢　普通、お笑いが好きで、なにかお笑いをやろうとしてあの芸を思いつくかな（笑）。だから、この人をどうしようか考えた時にコウメ太夫というキャラクターを思いついたヤツはすごいと思う。
いとう　まあ「ちくしょー！」って、ひねったツッコミでもないから（笑）。
宮沢　なんか歌うたいながら出てきて、それで「ちくしょー！」でしょ（笑）。よく考えたなそんなこと。……面白いのかな？　面白いんでしょうね、ある人たちにとっては。

いとう　突拍子もないものが子どもにウケることがあるでしょ。『エンタ』はそこを掘った。子ども向けになっていくとあっちに行くんですよね。いわゆる一発屋的な。

宮沢　でも、子どもにウケてる人たちって、子どもにウケようと思って最初からやったわけじゃないじゃない。小島よしおとか本気でやってたんでしょ？

いとう　本気でやってた。

宮沢　そしたら、たまたま子どもたちにウケちゃった。

いとう　いまだに子どもにウケちゃってますから。本来は「そんなの関係ねぇ！」って結構パンクなことですよね。

宮沢　そうだね。「そんなの関係ねぇ！」って言われても、親だって困るよね。「学校行きなさい！」「そんなの関係ねぇ！」って子どもに言われてもねえ（笑）。

いとう　元はパンクなんですよ、小島君は。

宮沢　そもそも、ほぼ裸だしね。裸で「そんなの関係ねぇ！」でしょ（笑）。

いとう　それが本人の意図とは違うところに着地しちゃう。

宮沢　なぜかあれを受け入れる層がかなりいたんだよね。

いとう　そこなんです。

宮沢　今、こういう言い方が流行っているみたいな言葉があるでしょ。
いとう　「ほぼほぼ」とかね。
宮沢　僕の芝居を手伝いに来ていた若いやつが会話しているのを少し離れた場所で聞いてたら、「それって、ほぼほぼ、あるあるだよね」って言ってたんだよ（笑）。笑ったなあ。
いとう　こないだ、みうらじゅんさんと話していてわかったんだけど、みうらさんも「ほぼほぼ」が嫌いなんです。「ほぼほぼＯＫです」というのは、つまり責任逃れなんですよね。「ＯＫです」で、いいじゃない。ほぼほぼＯＫなら。
宮沢　「だいたいＯＫ」とは意味がもっと違うんだよね。
いとう　もっと違う。「もうＯＫ。完全にＯＫなんだけど、もし違ったらごめんね」っていうのが「ほぼほぼ」でしょ。
宮沢　「だから、ほぼほぼって言ったでしょ」っていうことになる。
いとう　そう。「言ったじゃないですか！」と。
宮沢　すると言われたほうとしては、どうしたって「ほぼほぼってなんだ？」ってことになるよね。
いとう　完全に責任逃れなんです。
宮沢　じゃあ、「ほぼほぼ、あるある」は、何の責任を逃れようとしているんだろう。

いとう　「あるある」がなかった場合を考えて、「ほぼほぼ」って付けたのかも。「ほぼＯＫです」てんじゃちっとも「あるある」じゃないよ。

宮沢　語尾を上げるのに意味があるのかもしれない。あれって「ほぼほぼ（語尾上げる）」でしょ。下げると変だよね。「ほぼほぼ（語尾下げる）」（笑）。

いとう　「ほぼほぼ（語尾下げる）」になると、なんか暗ーい感じになっちゃう。「とぼとぼ」に似てるからかな。

宮沢　「とぼとぼ、あるあるだよね」。

いとう　まったく意味がわかんない（笑）。

宮沢　「とぼとぼ、ないないだよね」だと、いよいよわかんなくなる。どこ行くんだろう。

いとう　迷路ですね、それは。暗い迷路が俺に今見えているけど……いや、そうじゃなくて！　そんな話じゃない！

宮沢　あ、違うんだ（笑）。

いとう　さっき言ったお金にならない笑いの話ですけど、今は素人でもお金になる時代になったと思うんです。例えば、蛭子（能収）[7]さんとかさ。

宮沢　ああ。

いとう　ひどいもん。面白くしようとする気も一切ないし。

7　漫画家、タレント。二十五歳で『月刊漫画ガロ』でデビュー。劇団東京乾電池の公演ポスターを手がけたことをきっかけに柄本明のすすめにより東京乾電池公演に出演。以降、俳優、タレントとしてのキャリアをスタートさせる。

宮沢　これは僕の意見じゃなくて、人から聞いた話として聞いてもらいたいんですが、蛭子さんの漫画ってマリファナ吸って読むとめちゃくちゃ面白いらしいんだよ。
いとう　そうなんだ！（爆笑）
宮沢　（客席に）人から聞いた話ですよ。
いとう　こないだテレビで蛭子さんに「どうしてああいう漫画を描いてるんですか？」って聞いたら、「差別する奴が憎らしいから」って言ってました。
宮沢　（爆笑）
いとう　漫画の中で人を殺すって。
宮沢　だまされるよね、蛭子さんには。
いとう　そう、「でも、漫画ですからね」って。
宮沢　人が良さそうに見えるからね。
いとう　人が良さそうに「殺します」って言ってました。
宮沢　それ、一番怖いね。
いとう　怖いんですよ。で、素人の笑いですけど、つまり、それは欽ちゃん（萩本欽一）からですよね。
宮沢　そう。蛭子さんを面白いと思ったのもその系譜だよね。まだほとんどテレビに出ていないころ、僕も蛭子さんに声をかけたし、そのあと、東京乾電池の舞台に出たでしょ。柄本明さんが好きなんだよね、ああいった人が。それはすごくわかる。

いとう　素人さんをテレビに出して、プロがいじることで笑いにする。素人と絡むことが新鮮だったし、その時期の素人は憎らしくなかったと思うんです。今の時代だと「そんなこと言っちゃって大丈夫なんですか、事務所的に」とか平気で返す素人が増えて面白みがなくなっちゃった。今では本当に絡みたくないなと思う。昔はいいお米が穫れるように、素人が実っていましたよね。その頃に萩本さんが素人いじりを考えたわけです。

宮沢　まあ、コント55号がそうだからね。

いとう　(坂上)二郎[9]さんね。

宮沢　二郎さんが自分で言っていたことだけど、「私はまったく面白い人間ではなかった。全部欽ちゃんがつっこんでくれることで……」って。(55号は)構造がそういうコントじゃない？　当時としてはそれが極めて新しかった。それまでの笑いは普通の人がボケの失敗を指摘して笑う。つまり大家と与太郎の構造。コント55号は違ったよね。二郎さんはいたって普通の人物として登場する。そこに得体の知れない世界からやってきた萩本欽一が登場する。小学生のとき父親と一緒にテレビを見てたら、初めてコント55号が出たのを目撃したんだよね。それで父親と声を揃えて言ったんだよ。「これは新

8　一九七六年に柄本明、ベンガル、綾田俊樹によって結成。初期はお笑いのイメージが強かったが、メンバーだった岩松了の作品やチェーホフ作品を手がけるようになり、演劇色を強めていった。

9　俳優。萩本欽一とのコント55号で人気を博し、『夜明けの刑事』など数多くのドラマや映画でも活躍。

しい」って（笑）。だけど、その構造が人気の絶頂の頃に崩れるでしょ。二郎さんの人気が高まると、二郎さんそのものが面白いと一般的には解釈される。二郎さんにつっこめなくなったから、二郎さんに代わる人を探したら、そういう素人がいた。欽ちゃんの考えはすごいよ。でも、放送の仕事を始めてから考えたことだけど、その素人を欽ちゃん抜きに面白いと思うテレビのディレクターをはじめ、作り手がいたっていうことが一番だめだと思った。素人を単体で出しても面白くないじゃない。

いとう　そりゃ、そうだよね。欽ちゃんがつっこむことで面白さが出るんだもん。

宮沢　だけど、天才的なツッコミとしての萩本欽一を前提としないまま素人を使うことで作り手が満足する。笑いの本質がまったくわかってないんだよね。だめだなあって、そういうのは、ほんとイラつくんだよ。

いとう　ディレクターも欽ちゃんがいなくても、その人だけ出しておけば数字も上がるだろう、という主義になっちゃった時代がある。萩本さんの狂気めいた連続リハーサル抜きでやろうとした。

宮沢　七〇年代の後半から八〇年代半ばぐらいですね。

いとう　今は違う意味でそういう傾向になっていると思うんです。予算がないから、プロを呼べない。その分、ＡＤとかを使って笑いを取るという風になってる。でも、あの頃の素人はそれこそ新鮮だった。作られる笑いがわりと典型的なお笑いしかなくて、突飛なことを考えてやってくるっていう時代じゃなかったから、当然素人をいじる方が面白いギャグが生まれたんだと思うんですよ。

宮沢 なるほどね、確かに。素人がいじられることが当たり前になってしまうと、今度は素人も「自分たちはもしかしたらウケるかもしれない」って考え出す。それでさっきいとう君が言った変なことを言う素人を生んじゃったんだろうな。で、なにかの弾みっていうか、奇跡が起こって面白くなる時があるから、やっかいだよね。そこは難しいところだと思うけどなあ。

いとう 今急に思い出したんだけど、コント55号で一番笑ったコントがあって、二郎さんが車を売りつける人の設定だったと思うけど、「ほらこういう車があるでしょ」って、二郎さんが手ぶりで車の絵を描くのね。描き終わった時に二郎さんの手が元に戻るっていうか、フワッとなる瞬間があって、欽ちゃんがその動きを見て、「そこは何なんだ?」ってずーっと十分くらい二郎さんの手の軌跡をつっこむの。

宮沢 (爆笑)それで二郎さんが、真面目に車の営業を続けるからコントの構造がしっかりするんだよね。でも、つい手が動くんだろうなあ(笑)。

いとう 「だから、そこはなんなの?」「そこも何もですね、車がこうありましてですね」って描いて、また二郎さんの手がフワッと動くと「そこがわからない！」って言って（笑）。あれは面白かったなあ。

宮沢　55号は設定だけで台本はほとんどないでしょ。

いとう　ないでしょうね。

宮沢　テレビでは、絶対同じネタをやらないというのが55号のポリシーだったけど、この構造が強固だからできたことだし、欽ちゃんのすごいところだよね。

いとう　すごいツッコミです。

宮沢　それで、そのツッコミに対して二郎さんが欽ちゃんの考えてる通りの受けをする。

いとう　これは萩本欽一さんも自分の本に書いているけど、**一番いいボケはとにかく納得しないこと。**人につっこまれてもそのことを「ああ、本当ですね」って納得しないで「だけどね」って言う。だから斉木（しげる）さんみたいな人ですね。

宮沢　（爆笑）

いとう　斉木さんは「金星も木星も見たことないじゃない？」って言っても、「そんなことありませんよ。僕はね、いとう君……」とかって言う。

宮沢　そう、それがいくら荒唐無稽な意見でも、わけのわからない説得力があるんだよね。あの説得力はわけがわからない。だから「ドアと討論会」って、むかし作ったコントが面白かったんだと思う。どうやら公開の場で討論会をやっているらしい。その奥にドアがあるんだよね。で、討論の最中に、「ドンドン!」っていきなりノックしてくるやつがいる。ドアが開いて出てくるのが斉木さん。何言うのかと思ったら、「うるさいよ」(笑)。それだけで面白い。そんなわけないいんだけど、やっぱりよくわからない説得力がある。斉木ワールドだよね。

いとう　面白かったですよね。「隣でもやってるんだよ」って言うんだけど、何をやってるのかわからない。それでドア閉められちゃって、こっちもシュンとしちゃって。

宮沢　それでまた小さい声で討論会を始めてね。

いとう　議論が白熱してくると、また「ドンドン!」ってドアが開いて「うるさいよ。さっきも言ったでしょ」って出てくる(笑)。

宮沢　「今、『本末転倒』って言ったの誰だ?」って言うと、みんなが竹中(直人)を指さす。「あんたの声ね、キンキン響くんだよ!」って(笑)。響いてないのに。

いとう　斉木さんは、トークでの面白さは素人みたいなところがあって、いつまでたっても自分の面白さを把握してない。

宮沢　ある種の無自覚さの面白さがあるでしょ。斉木さんはその新鮮さを失わないし、それ以上の事を自分に課さないっていうか。

いとう　ダメじゃない！（爆笑）課そうよ。あ、課さないから、ああなってるんですか？

宮沢　要するに怠け者っていうことでしょ（笑）。

いとう　（爆笑）

宮沢　じゃあ、きたろうさんはどうなのかっていうと、なかなか難しいところでね。

いとう　でも、意外にと言ったら悪いけど、セリフは忘れもするけど、覚えるのは一番早いじゃないですか。

宮沢　だって、シティボーイズライブのプロデューサーはきたろうさんでしょ？

いとう　そうね。

宮沢　きたろうさんしか考えてないじゃない、シティボーイズ以外の出演者をどうするかとか、作家は誰がいいかとか。

いとう　そうね。だいたいきたろうさんが「ピエール瀧が役者として面白いんじゃないか[10]」みたいなことをすごく昔に見抜いている。僕もピエールと一緒に飲みの場に呼ばれて「来年はお前らでやれ」って言われたことあります

10　二〇〇八年上演、シティボーイズミックスPRESENTS「オペレッタロータスとピエーレ」にピエール瀧が参加。

よ。ただ、いろいろ考えてるんだろうなと思っても、だいたい最初の十分ぐらいで酔っちゃうから、あの人。用件は十分で終わるんですよ。

宮沢　五年ぐらい前に僕が久しぶりに彼らと仕事をした時[11]もいきなりきたろうさんからメールがあって「話があるから時間を作ってくれないか」って、わりときちんとした文面で依頼があった。真面目に話をするのかなと思って指定された渋谷の店に行ったら、もう酔っ払ってる（笑）。

いとう　「もうわかるだろ、宮沢」とか言って（笑）。

宮沢　いとう君もいてね。とにかく出てきたおにぎりをいとう君に食わせようとするんだよね。「いとう、おにぎり食え！」とか言って（笑）。

いとう　あの人、俺をいつまでも十代だと思ってんのよ。

宮沢　で、いとう君がそれに対してどう反応したかっていうと、「俺は足軽じゃねえ！」（笑）。

いとう　だって、鯛の入った鍋とかあるのにさ、俺だけおむすびなんだもん！　塩むすびを最初から食わされそうになって、あんなの足軽の扱いだよね。

宮沢　でも、僕もちょっと申し訳ないと思ってるんだけど、あの関係性だと、いとう君に新入社員という役をふっちゃうんだよね。本当は、いとう君の年だったらもう管理職でしょ？

11　二〇一三年上演、シティボーイズミックスPRESENTS『西瓜割の棒、あなたたちの春に、桜の下ではじめる準備を』。宮沢が二十四年ぶりにシティボーイズ、中村有志、いとうとのプロジェクトに参加。

いとう　そうですよ。
宮沢　社長やっててもおかしくないじゃない。
いとう　おかしくない。もう今年五十七なんだけど、たぶん宮沢さんがコント書いたら、僕は新入社員やるよね。僕も何の疑問もなく「この度入社いたしました、いとうせいこうと申します」って言ってると思う。
宮沢　ね。あの関係性ではそれが成立する。舞台というか、演劇的なものはそういうところがあるけどね。久しぶりに、シティボーイズやいとう君たちと一緒に舞台をやった後でそれに気づいてね、笑っちゃいそうになったんだけど、いとう君には申し訳ないことをした。
いとう　いや、申し訳なくはないけど。むしろ僕が社長で、きたろうさんが新入社員だったらすごくやりにくいですよ。
宮沢　それも見たいけどね（笑）。やっぱり、**普段の生活の中の関係性が出る**からだよね。その関係性のことを、いまでは普通の人でさえあたりまえにツッコミとボケって言うでしょ。普段つっこまれてる人がいきなりツッコミやれと言われてできるわけがない。
いとう　そうですね。
宮沢　昔、一度そういうのを試して、加藤賢崇[12]をツッコミにしてみた。みんなをつっこませたの。[13]

12　俳優、声優、ミュージシャンなど。宮沢関連ではラジカル・ガジベリビンバ・システム、ガジベリビンバ2号　ナベナベ・フェヌアなどに参加。
13　一九八六年上演、ラジカル・ガジベリビンバ・システム『未知の贈りもの』。

いとう　それは冒険でしたよねえ。
宮沢　大失敗ってああいうことを言うんだね。
いとう　（爆笑）
宮沢　つっこむと、ツッコミの言葉の途中で、みんなから殴られるっていう（笑）。
いとう　そもそも、つっこむ相手の目を見られないヤツだからダメですよ（笑）。賢崇は下向いてつっこむに決まってるもん。向き不向きはどうしてもあるんですよ。
宮沢　普段の関係性が、そのまま舞台上に出る。いくら無理して演じたって面白くないよね。特にお笑いはそう。ある種の演劇はそれをやるでしょ。かなりの頻度で外国人を演じるしね（笑）。

ネタを生む遊び心

いとう　宮沢さんは、シティボーイズにコントを書く前は、笑いの関係のことは何をしてたの？　竹中さんとは大学が同じで一緒にいたでしょ。
宮沢　その時は素人なりに自分たちで面白いと思ってることを考えてたくらいだった。

いとう　企画、ってことですか？

宮沢　企画とまではいかない。ごく単純な遊びだよね。じゃんけんで負けたやつが恥ずかしい思いをするとか。負けたやつがなにをするか最初に決めて、たとえば電車の中でじゃんけんするんですよ。負けたやつが「この電車は私のモノだ！」って言いながら全車両を歩くとか。ずーっとそんな遊びをやってたんだよね。

いとう　社会的にはまだ良かった時代かもね。今、そんなことしたら、おそらく通報されちゃう。

宮沢　そうだね。僕も負けたことがあって、電車の中を「旬の味、きのこ料理」と言い続けて歩きましたよ。

いとう　秋ともなるとああいう人が出るんだなあ、って、実りみたいな感じで見てくれた時代ですよ。

宮沢　当時はね、そういう時代でした。だから犯罪にはならなかった。

いとう　ならなかったねえ。

宮沢　でも、ひとつだけ、竹中が言い出したお題でやらなかったのはね、カフェでね、向こうに上品な中年女性のグループがいて、じゃんけんで負けたやつが、一人の女性の肩を叩いて「いい仕事があるけど、やらない？」って声をかけるっていうね（笑）。それはあの当時も犯罪だよ（笑）。今考えると幼い遊びだったよね。企画なんかじゃない。それで、思い出したけど、伊武雅刀さんの家で餅つき大会があって、いとう君と僕が呼ばれたことがあったよね。あまり他に知っている人がいないから、いとう君と僕でずっとくだらない遊びをしてた。その日あった出来事でことわざを作るとか。

いとう やってたね（笑）。

宮沢 あれは少なくともじゃんけんより高度だったよ。三十年以上前ですけど、まだ伊武さんの娘さんが三歳か五歳ぐらいだった。それがすごく生意気だったんだよ。だから、困らせてやろうと思って、椅子の上に座らせてぐるぐる回してやった。

いとう 回せば静かになるんじゃないかと思ってね。そうしたら反対に大喜びしちゃった。

宮沢 それで出来たことわざがありましたね。人を困らせようと思ったのに喜ばれてしまった時の、つまり、逆効果を意味することわざ。「椅子を回す」（笑）。

いとう 「もっとやってくれ！」って（笑）。余計めんどくさいことになっちゃった。

宮沢 あと、ずーっと列に並んで待っていなきゃいけないときを意味することわざ。「餅に並ぶ」（笑）。

いとう　そのまんまだよね（笑）。餅が出来上がるまですごく待つから。
宮沢　その時他にもやったのが、世界歌謡大全集だね。
いとう　嘘の歌謡曲を作るやつね。のちに『宝島』で連載もしましたよ
（『世界のポップス１９９１』ＪＩＣＣ出版局）。
宮沢　「世界歌謡大全集の三七八ページに『岩の陰からちょぃと見てみれば』
という歌があるんですが、宮沢さんあれはどんな曲でしたか？」っていとう
君から振られる。そうすると、それを歌わなきゃいけない。
いとう　（爆笑）
宮沢　「岩の陰からちょぃと見てみれば〜♪」って必ずタイトルから歌い出
す（笑）。
いとう　そこを歌っておかないと、テーマを忘れちゃうから（笑）。ずさん
な遊びでした。
宮沢　ずさんだけど、楽しかった。
いとう　ああいうのがやっぱり最高ですよね。ネタを考えるというより、そ
れ自体が後々ネタになればいいみたいな感じじゃないですか。
宮沢　**遊びがそのままネタになっていく**っていうことだよね。
いとう　で、宮沢さんのシティボーイズ前夜ですよ。これはどうなってる
の？

宮沢　ごめん、そこの質問だよね、つい忘れてた。ラジオ番組をやってましたね。吉田照美さんの番組『（吉田照美の夜はこれから）てるてるワイド』（文化放送）の中の小さなコーナーとか。面白いことをしたいという前提があって、コントを書きたい気持ちもあった。でも、ラジオだとコントを求められない。それで作りのハガキをやたらと書いたな。（客席に）作りのハガキというのは、ラジオ局に投稿されるハガキのことだけど、大半は作家が書いてるんですよ。

いとう　やめてくださいよ。サンタクロースはいないみたいな話になっちゃうから（笑）。がんばる素人もいますからね。

宮沢　ハガキ職人と言われる人ですね。あとあれだよ、アイドルの番組もやったんだよ。だけど別にのれないんだよ。ディレクターからある時言われたのが、「もっと楽しそうにやってくれ」（笑）。

いとう　で、なんでコントを書きたいと思ったんですか？

宮沢　それ以前、一九七七年までは笑いを仕事にしようとは一切考えてなかった。笑いは好きだったから、たとえば子どもの頃からクレージー・キャッツの映画はよく見たよ。だけど中学生になってからまったく笑いと縁のない生活を送ったし、だいたい、その頃じゃないかなあ、若者のテレビ離れって言葉ができたのは。一九七〇年ぐらい。コント55号も、クレージーもそれ以前の話で、テレビ見なかったから、七〇年代の半ばの笑いは全然知らないんだよね。きっかけは、七八年に小林信彦[14]の『日本の喜劇人』[15]を読んだことですね。僕が知っている喜劇人たちのことがそこで見事に分析されていた。これが面白かった。こんなふうに笑いを捉える方法があるってことにまず驚いた。それで思わず半年間で二十七回読んでしまった。繰り返し繰り返し二十七回読んで、さらに各喜劇人の年表を作った（笑）。

いとう　うわー、すごいことになってたんだね（笑）。

宮沢　そこまでやってようやくわかったのは、『日本の喜劇人』に登場する喜劇人たちの姿は、彼らが若くて一番盛んに活動した時期のことで、それと小林信彦の青春期が大体あてはまることだった。つまりこれは小林信彦の青春と挫折の記録である。乾いた笑いを志向していた小林信彦さんが、日本の湿った風土に絶望する話なんだよ。小林さんが『日本の喜劇人』を雑誌に連載していたのはまだ三十代の頃だからね。だからこれ小説だって思った。『日本の喜劇人』はかなり大きな影響力を持ったでしょ。大瀧詠一[16]さんも影響を受けているし、高田文夫[17]さんがね「それ、森繁病[18]だぞ」って言ったりね。それ、小林史観だから。ある一定の笑いが好きな者に決定的な影響を与えた。その功罪もあるよね。我々読者はおそらく小説の面白さを味わってたんだと思う。小林さんが書いていることが本当に全部事実かというと、

14　作家。小説家として『唐獅子株式会社』『ちはやふる奥の細道』『夢の砦』などを発表。笑いに関する著作も多く『世界の喜劇人』『日本の喜劇人』や、『天才伝説　横山やすし』『おかしな男　渥美清』といった喜劇人の評伝も数多く手がけている。

15　一九七二年に発売された小林信彦による評論集。日本のお笑い論のバイブル的書物として現在もなお読み継がれている。

16　ミュージシャン。はっぴいえんどのメンバーとしてデビュー後、自身のレーベル「ナイアガラ」をスタートさせ、数多くの作品プロデュース、作曲等を手がける。一九八一年に発表されたアルバム『A　LONG　VACATION』は自身最大のヒットとなり、

ちょっとわからない。たしかに事実をもとに書いているんだけど、そこに小林さんの文体の見事さがあって、特別な物語として読んでいたんじゃないかな。かなり後になってそのことには気がついたんだけど、七八年頃はそれがきっかけで笑いをやりたいって思った。笑いをやるんだったらやっぱりコントをやりたい、コントを書きたいというのはありましたね。なぜか漫才ではなかったですね。

いとう　そこは興味深いですよね。八〇年代中盤以降だったら漫才を書いていたかもしれない。

宮沢　それはやっぱり演劇を観ていたってこともあるかもしれない。

いとう　宮沢さんが演劇を観ていた時期は小劇場のちょっと前ですよね。

宮沢　文学座の別役（実）さんのアトリエの芝居とか。いろんなもの観たな。唐（十郎）[19]さんとか黒テント[20]とかっていうアングラも観たし、あとジァン・ジァン[21]で初期の東京乾電池も観たね。で、その頃、これも面白いかなと思って観に行った三人組の舞台があってね。渋谷の小さなお店みたいなとこでやってたんだけど、これがほんとーに面白くなかった。それがシティボーイズなんです（笑）。

いとう　（笑）

宮沢　シティボーイズはなぜここが弱いのか、こうすればいいのに、って、

日本語ポップスのエヴァーグリーンとして今なお聞き継がれている。「分母分子論」「ポップス普動説」といった独自の音楽論を展開するなど、評論家的側面も持つ。その興味は音楽だけにとどまらず、笑いや映画、野球など、さまざまなポップカルチャーに精通。大瀧の論考は多くの人に影響を与えた。二〇一三年十二月に急逝。

17　放送作家。『オレたちひょうきん族』をはじめ、さまざまなお笑い番組を手がけ、構成作家として参加した『ビートたけしのオールナイトニッポン』（ニッポン放送）では、たけしのアシスタント的存在として番組を盛り上げた。落語立川流に入門し、立川藤志楼の高座名で落語家としても活躍。お笑いプロデュースや笑芸評論、エッセイの著作

その後知り合うとも思っていなかったのにすでに分析してたんだね、生意気に。それから一緒に舞台をやることになった。初期のシティボーイズって、何か失敗すると全部斉木さんの責任になる。あきらかに大竹（まこと）さんが間を外してるんだけど、その大竹さんが「斉木がさあ！」って言い出すのがパターンだったから、ここになにか問題があるんじゃないかと思って、逆に斉木さんを中心にコントを書いてくようになっていった。

いとう　当時のシティボーイズはものすごく濃く新劇を背負っていて、言ってみたら生活のためにちょっとコントやるという感じだったと思うんですよね。

宮沢　そうだね。

いとう　そこに宮沢さんが入って一気にコント化していく。いわゆるシティボーイズの最初からのコンセプトである「思想のない演劇よりもそそうのないコント」というのがあって、あれは本当に名言だなって思います。

宮沢　きたろうさんのね。[22]

いとう　やっぱり、きたろうさんなんですね。でも、きたろうさんはどこで自分の精神力というか笑いの核心を得てきたかというと、その前のバイトでやっていたサーカスのポポさんってキャラなんですね（笑）。「ポポさんです

も多い、東京お笑い界のご意見番的存在。自身がパーソナリティを務める『高田文夫のラジオビバリー昼ズ』（ニッポン放送）は、二〇一九年に三十周年を迎える長寿番組となっている。

18　世間に認知されたコメディアンや喜劇役者が笑いに特化した方向性を嫌い、これまでとは異なるシリアスなキャラクターや大御所を目指すことを意味する。元々は喜劇中心だった森繁久彌がシリアス路線に走ったことから、小林信彦が『日本の喜劇人』で「森繁病」と称した。

19　劇作家、作家、演出家、俳優。寺山修司、鈴木忠志、佐藤信と共に「アングラ四天王」と呼ばれた。

20　劇作家、演出家の佐藤信を中心に集まった劇団。黒テントで旅公演を行ったことから「黒テント」の名

よー！」とか言って出ていたらしいんだけど。

宮沢　大人気だったたっていうね（笑）。

いとう　だから、きたろうさんが転ぶのがうまいのはポポさんやってたからなんですよね。

宮沢　長谷川康夫[23]さんが書いた『つかこうへい正伝』（新潮社）を読むとシティボーイズの三人の話が何度も出てくる。読むとその時代がよくわかるんだけど、まず大事なのは、つかこうへい[24]さんに呼ばれた人と呼ばれなかった人たちがいたってことなんだよね。役者仲間の中で風間杜夫[25]さんはつかさんに呼ばれたけど、シティボーイズの三人は呼ばれなかった。でも、近いところにはいたし、つかさんに呼ばれた一人が長谷川さんだけど、長谷川さんに言わせると、大竹さんのことは「大竹」って呼ぶけど、きたろうさんは本名で「古関さん」って呼ぶっていうんだ。長い時間があってそうした関係が生まれたって考えると、やっぱり彼らは芝居の人たちだったんだなってあらためて思った。

いとう　これはすごい重要なことですよ。シティボーイズが宮沢さんと出会い、竹中さんや中村ゆうじさん、後には僕も仲間になるわけだけど、今までにない笑いのパターンを作るんだって、みんなでよく喋って、討議しましたよね。もうそのことしか考えてない七人みたいな感じで。それは良いか悪い

前がついた。六〇年代後半から七〇年代前半のアングラ演劇ブームを築いた。

21　渋谷公園通りにあった小劇場。演劇のほか、ライブなども開催。初期のシティボーイズの公演もここでおこなわれた。二〇〇〇年閉館。

22　きたろうによると、実際は斉木しげるによる発言だった。二九二ページ参照。

23　脚本家、映画監督。劇団つかこうへい事務所所属の俳優として活躍し、劇団解散後は脚本家、演出家として活躍。

24　劇作家、演出家、小説家。「口立て」による演出、毒の強い笑い、シンプルな舞台装置、派手な音楽使いなどで演劇界に「つかブーム」を巻き起こした。

25　俳優。『熱海殺人事件』など、つかこうへい作品へ

かわからないけれど、そこで作られた笑いのパターンを土台として、今の演劇シーン、特に笑いをやる人たちのベースになっているわけです。

宮沢　僕がよく言うのは、ラジカル・ガジベリビンバ・システムっていうのは本当に**優れた研究者たちが集まった実験室**だったってことなんだよね。僕が考えた漠然としたなにかをみんなに提供すると、みんなもどんどん考えるじゃない。もちろん台本も書いたけど、最初の頃、紙にばーっと百個ぐらいタイトルとかプランしか書かなかった時もあった。

いとう　かもしれない。

宮沢　こういうことがいま面白いんじゃないかっていう意図をみんなにメモで渡すと、「じゃあ、こうしてやったらどうか」と議論になる。それでいろいろ考えたし試行錯誤する。そうした実験をしていたところがあったでしょう。

いとう　ありました。「こうやったら面白いんじゃないか」「いや、それは見たことがある」「こうしたらいいじゃないか」「それ、誰かがやってた」「じゃあ、こうすれば新しいじゃん」「それはギリギリいいかも」と話し合いがずっと続いて。「じゃあ立つか」って実際に立ってやってみるっていうやり方でしたね。

宮沢　そうだね。そうやって僕が考えた意図を見事に形にしてくれたのが、

の出演で脚光を浴びる。シティボーイズのかつての劇団仲間。

僕にとって一番幸福な時間だったわけです。そうじゃないとこれ以上前に進めないっていうのがあった。新しい笑いが作れないっていうか。それでだんだん緻密さが必要になってゆき、また違った種類の台本を書く段階に入ったと思うんだよね。

いとう　まず、宮沢さんが書いてくれたものの面白さを一発でわかんなきゃいけない。パッと見て、ここところに自分のギャグがあるというのを立ったらすぐにできたのが、あのメンバーだったと思うんですよね。

宮沢　それぞれにとって意味があったんじゃないかな。

いとう　あと、すごくよかったのは、僕なんかは当時、芸能生活もしてないわけです。最初は学生だもん。

宮沢　最初は学生で、その次は講談社の社員だったでしょ。まだそういうところにいたのに、よく出てたよね。舞台にも、ビデオにも。

いとう　そう、よく出てたの。あの時の人事部の部長が偉かった。「すいません」って途中で手を挙げて「今日ちょっと日本青年館でライブなんですけど、行っていいですか」みたいな（笑）。「おお、そうなのか！　みんなで行こう」って講談社の同期のヤツがみんな観に来たんだから。

宮沢　いい会社だなあ。

いとう　だから、僕自身も恵まれてたと思う。とにかく「この笑いは見たことある」とか偉そうなことを僕が言っても、誰も怒らなかった。あの平等性はすごかったと思うんですよ。最初の頃は二十一、二歳とかですよ。

宮沢　僕が二十四とか五で、シティボーイズが僕より七、八歳上になる。生意気だったよね。それはつまらないって遠慮なく、きたろうさんを叱ってたからね。あの時の俺に会ったらね、ホント殴りたい。

いとう　（笑）それは「宮沢、面白いからな」っていう大竹さんたちのひと言で済んじゃった。

宮沢　それも幸福な環境だったんだよ。

いとう　よくわかんないけど「これやってみよう」というのはありましたね。

宮沢　でも、そこに至るまでの道も長かった。いとう君がいない時代にシティボーイズと竹中だけでやっていた時、大竹さんにどうやって納得させるかいろいろ作戦を考えた。

いとう　そうか。それはやっぱり僕に任せてもらわないとね。大竹さんは褒めるとすぐやるタイプなんです（笑）。

宮沢　（笑）

いとう　きたろうさんは逆にこっちからマイナス気味に「このコント、どうだろうなあ」なんて言ってるほうがいい。俺、翻訳家だったからね、シティボーイズの。

宮沢　たしかにそうだね。

いとう　宮沢さんと「大竹さんがやりたくないって言ってます」「じゃあどうしようか」とかやってましたね。

宮沢　作戦練ったりしてね。大竹さんがいない間にきたろうさんと竹中でコント作っちゃって、大竹さんに「ああいうのやりたいな」と思わせる。大竹さんは、それまでつかこうへいみたいな芝居をやりたかったんだよね。

いとう　そう、大竹さんはそういう人だよね。

宮沢　それをどうやってやめさせるか。考えを改めさせるか（笑）。

いとう　シュールなことができて、やってみると体のものになってきて頭でっかちじゃなくなってくるから、またちょっと違うニュアンスがついてきたりして。変なオチがなくても、そこに宮沢さんがすごい格好良い音楽をズバッと入れてくれる。ある意味モンティ・パイソンのやり方ですよね。

宮沢　次々とつながっていくように、つなぎの方法を考えてたね。モンティ・パイソンがいて、タモリさんがいて、そういったものに影響されたでしょ。それをどうやって舞台でやったらいいか考えてたと思う。

いとう　宮沢さんも僕もそうだったんですけど、モンティ・パイソンのコントの中身というよりは、どうつないで、どうそのコントをいかにもなオチでないやり方で終わらせて、かっこよく次に行くか。それを宮沢さんは音楽入れてかっこよく仕上げた。僕ら最初の舞台の時、稽古場でちゃんと音楽なんて聞かせてくれなかったもん。

宮沢　だって音響さんが稽古場に一度もいなかったからね。僕も舞台の作り方にはまだ疎かったし、わかってる舞台監督も制作もいなかったんだよ。よく舞台やってたね。

いとう　僕らは音楽も聞かされていないまま本番になって、確か全員袖にいたと思うんだけど、そしたら舞台にスクリーンが下がっていて、自分たちも見たことない映像がバーン！　バーン！って音楽に合わせて映ってる。「かっこいいな、おい！」って自分たちが驚いたんだよ。「で、いつ（舞台に）出ればいいんだ？」って（笑）。

宮沢　（爆笑）

いとう　音楽が終わったからなんとなくスーッと舞台に行ったら、第一声を誰かが始めてる。その時のことはよく覚えていますね。つなぎのところを考える時に、僕は宮沢さんと当時何か話した記憶あるんですけど。（ルイス・）ブニュエルの映画の話ね。

宮沢　そう！

いとう　すごい影響を受けていましたよね。

宮沢　伊丹十三[26]監督の『タンポポ[27]』がブニュエルの『銀河[28]』と方法としてはほぼ同じだった。『タンポポ』も何かのエピソードがあって、その片隅にいる人が次のエピソードの主役になってつながっていく。伊丹監督とはまた異なった視点から、僕もブニュエルにはかなり影響を受けた。

いとう　人がワーッて飛び降りて、倒れてしまいました。照明が変わりました。その人が起きたら、その人の家でした。みたいなことが衝撃的だった。演劇はこれができるんだ！　って。ブニュエルじゃん！　っていう。

宮沢　もちろん映像でもできるんだけど、舞台でそれをやりたかったんだよね。受付があって、ここに受付の担当者がいて、訪ねて来た人の相手をする。その組み合わせがどんどん変わって、何度目かにさっき担当者だった人が、受付を訪ねてくる。そんな形式を延々四人ぐらいでまわすのを舞台でやると面白いなとか。そういった舞台の見せ方を考えていたと思う。

いとう　例えば、Aの役を演じているきたろうさんが壁の向こうへ入っていくと、こっちから同じような衣装を着た斉木さんがきたろうさんと同じテンポで出てきて、斉木さんがAの役になっている。もちろん映像でもそういうことはできるけど、演劇の方が自由度が高くて、何やっても誰も不思議に思わない。

宮沢　逆にちょっと**騙された感があって、ハッとするのが**

26　映画監督、俳優、エッセイストなど。個性派俳優として活躍し、エッセイの執筆、CMクリエイターなどマルチに活躍。『お葬式』で映画監督としてデビューし、『マルサの女』『ミンボーの女』など社会派エンターテインメント作品を数多く手がけた。

27　一九八五年に公開された伊丹十三監督作品。ラーメン屋の再生劇を軸にさまざまな食にまつわるエピソードがオムニバス的に挿入される。

28　二人の浮浪者の旅を通じて、キリストにまつわるさまざまなエピソードが描かれる。一九六八年制作。

楽しい。映像だと切り替えしたから当たり前だろうってことになるじゃない。例えば、ワンカメでずっと撮影される映像ってあるでしょ。テオ・アンゲロプロス[29]みたいな。カメラはゆっくり動いてる。さっき出ていた人物がまた出てくるんだけど、よく考えてみると役者が死に物狂いで走って向こうに回ってるはずなんだよね。このトリッキーな作り方みたいなのを舞台でやってみたかったんだよ。

いとう　僕らにとってラッキーだったのは、初期にスネークマンショーの桑原茂一[30]さんに出会ったことだと思うんです。

宮沢　いとう君とはスネークマンショーのビデオ[31]の現場で出会ったけど、最初に僕がいとう君を認識したのはＮＨＫの『ＹＯＵ』[32]です。

いとう　糸井（重里）さんの番組に一回だけ学生として出た。それが初テレビなんですよ。ネタやってるんですよね、ボロアパートで。自分のアパートだったんですけど。

宮沢　遠くからカメラがだんだん寄っていく。正しいスイカの種の数え方というのをやってた（笑）。

いとう　そんなことやってたんだ（笑）。

宮沢　自動車学校のビデオみたいに、「こんなことをみなさんもしていませんか」とかって（笑）。それＢｅｔａ[33]で記録してあったから、いまでも大学

29　映画監督。説明の極端な少なさと、長回しの映像が特徴。代表作にギリシャ現代史を題材にした三部作『１９３６年の日々』『旅芸人の記録』『狩人』など。

30　選曲家、プロデューサー。小林克也、伊武雅刀とによるコントユニット「スネークマンショー」を一九七五年からスタート。ＹＭＯとのアルバム『増殖』（一九八〇年）の曲間にはさまれたスケッチ群で一躍人気を博す。

31　『スネークマンショー楽しいテレビ』。一九八四年に発売されたスネークマンショーの映像作品。桑原茂一が監督を務め、宮沢章夫が脚本で参加。伊武雅刀、シティボーイズ、竹中直人、中村ゆうじ、いとうせいこう、阿藤快らが出演。この作品をきっかけにラジカル・ガジベリビン

の講義で見せるよ、学生に。僕は伊武さんに呼ばれて、スネークマンショーのビデオを作るのにライターとして行ったんだよね。そこにいとう君が来て、また別の方向から竹中が来て。僕は中村ゆうじやシティボーイズという人たちがいるという話をして、そこでラジカルの基本メンバーが集まった。

いとう　不思議な巡り合わせですよね。

宮沢　茂一さんから聞いたのかな、最初にスネークマンショーを始めた当時は、音楽かけて、曲名を紹介する普通のラジオ番組だったんだけど、それじゃつまんないってことでいろいろ試したって。（イギリスの）ＢＢＣが出しているＳＥのレコードの中にシャワーの音のテークと女が叫ぶ声のテークがあったらしくてね、それを組み合わせるとさ、シャワーを浴びている女が何者かに襲われる場面ができるじゃない。そこに音楽をどーんとかけるとかね。

いとう　ドラマチックになるってことだ。

宮沢　その中で徐々にコントをやり始める。最初は小林克也さんと茂一さんの二人でやっていて、たまたま隣のスタジオに伊武さんがいたから「ちょっとやってみない」って声をかけた。それが我々がよく知っているスネークマンショーの出発だったんだよ。

いとう　そうなんだ。

バ・システムへと発展する。いとうの実質デビュー作である。

32　一九八二年からＮＨＫ教育で放送されていた若者向けトーク番組。いとうは早稲田大学在学中に「タモリライフ研究会」として出演。一九八二年六月五日放送。

33　ソニーが開発したビデオ規格。正式名称ベータマックス。八〇年代、ＶＨＳと業界を二分していたが、規格競争に敗れ、二〇〇二年に生産を終了した。

宮沢　スネークマンショーは音楽が発想としてあった。だから、ラジカルの時に音楽をかけるのも、もちろんコントを見せたいのが一番なんだけど、レコ屋を歩きまわって見つけたこの音楽をかけたいっていう欲望が次にある。

いとう　しかも爆音でね。

宮沢　その曲を使うためには次にどんなコントがあったらいいかって発想でコントの並びを構成していた部分もあったね。

いとう　発想の原点が音楽にあるとは思わないじゃない。今、言ったことで考えると、かっこいいと思っている曲があって、それが一番効くコントってなんだろうと考えると新しいネタはできやすいのかもしれない。いまだにこの方法論は有効ですよ。

宮沢　茂一さんのスケッチの作り方がそうだったからね。音楽聴きながらアイデアを出す。ラジカルがあって、その後のシティボーイズライブになっていく中でいくらか変化していったと思うけど、今の若手がコントライブとかやるとさ、これ全部シティボーイズのライブのやり方を踏襲してるなって思う。

いとう　そうね。着替えている間は映像で埋めて、なるべくかっこいい音楽でテンポ感を出していって、前のコントの感じを払拭して次にいく感じですよね。

芸人と役者の違い

宮沢　こないだ、みうらじゅんさんがラジオのゲストに来てくれたんですよ。

いとう　らしいですね。なんかドキドキしていたらしくて、「今度、宮沢さんに呼ばれるんだけど、俺話すことないんだよ」って。それ僕に言われても困るじゃない（笑）。

宮沢　その時におかしかったのは、ゆるキャラに飽きてるんだけど、飽きてないふりをするのが大変だってみうらさんが言うんだよね（笑）。

いとう　あの人、「ＳＩＮＣＥ○○」というのをいろんなところで見つけては撮ることを一年ぐらいやってたんです。だいぶみんなに「ＳＩＮＣＥ」が浸透してきた頃に一緒に歩いていたら、ちっちゃい声で「ＳＩＮＣＥに頼るな、ＳＩＮＣＥに頼るな」って自分に言い聞かせていて、「ＳＩＮＣＥ」を見ても撮らないように我慢してるんですよ（笑）。次のネタがやっぱり欲しいんだと。

宮沢　苦悩があるんだね。苦悩する人、みうらじゅんみたいな（笑）。

いとう　必ず四月か五月に、五月病みたいなのが来て「次がない。もうダメだ」って言い出す。だから立派ですよね。それで練って、練って、飽きた頃にブレイクするんです。

宮沢　飽きるところまでやりきるんだね。

いとう　飽きたぐらいでこなれてくるんですよね。稽古して稽古して、きまって飽きるんだけど、そこからあらためて稽古し直す。

宮沢　コントもそういうことがあるよね。稽古し直す。それとよく似てる。でも、みうらさんすごいとしか言いようがない。新しい概念を発明するわけだから。そこで思ったのは同じように一つの概念を作る人で赤瀬川原平[34]という人がいたよね。でも、ちょっと違うような気がする。登場の背景や時代の違いもあるだろうけど、みうらさんの体のやわらかさっていうか、意識的なでたらめさっていうかな、そういうのを感じるんだよね。

いとう　美大の人だから、赤瀬川さんのこともよくわかっている。でも、違うものをやらなきゃいけないっていう思いがものすごくあるんですね。自分はもっとふざけたいんだっていう。今盛んに権威がある人のこと「**権威・濃すぎ（ケンイ・コスギ）**」ってやたらと非難するんです。

宮沢　（爆笑）

いとう　権威に対して、もう六十になったのにいまだに怒ってる。そこは偉いなと思う。

宮沢　権威に対しては僕も怒りたいですけど。ちょっと困ってるのは、僕は

34　『超芸術トマソン』『新解さんの謎』『老人力』などを著した前衛芸術家、作家。

演劇の人だと思われているから、結構笑える台本書いてるつもりなんだけど、なかなか笑ってくれないことなんだよね（笑）。

いとう　僕は「ああ、今のギャグだな」と思って観てますよ。

宮沢　ありがとうございます（笑）。きたろうさんにも同じこと言われて、「なんで笑わないんだ。客が宮沢のこと偉いと思ってるんじゃないか」って。そうなるとケンイ・コスギだよね。

いとう　何か面白いことをやりそうなやらなそうな微妙な顔でやると途端に面白くなることってあるじゃないですか。そこを出演者の中でやつい（いちろう）[35]はわかってやっていると思うんですよね。だから、もう一人くらい芸人がいれば笑いにもっていけるんじゃないですか。宮沢さんは難しいチャレンジをしているなあって思う。感覚としては、何かの鍵穴があるから、そこをツンツンやってるんでしょ？

宮沢　そうだね。その鍵が何かわからないんだよね。鍵が合ってないのかもしれないけど。

いとう　シティボーイズの時にコントを書いているんだから合っていないわけじゃない。でも、そういうコントじゃないところをやりたいんだなっていうのはわかる。

宮沢　まあ、そうだね。それはやっぱりこの種類の笑いをできる人たちって

35　今立進とのお笑いコンビ「エレキコミック」としての活動のほか、DJとしても精力的に展開。二〇一二年から自身主催のフェス『YATSUI FESTIVAL!』を開催。遊園地再生事業団には『ジャパニーズ・スリーピング／世界でいちばん眠い場所』『夏の終わりの妹』へ俳優として出演し、宮沢とのトークユニット「平常心ブラザーズ」でも活動。

シティボーイズとかいとう君とか中村ゆうじとかには感じるし、だから書くわけじゃないですか。久しぶりにみんなでやった舞台だったら、小さな文字の担当者が出てくる。風邪薬の箱に書いてある説明とか聖書とか広辞苑とか、とにかく小さな文字を何でも読んでくれる。その次に遠くの文字を担当する斉木さんが出てくるとか。そういうのはこのメンバーだったら面白くなるって考えた。

いとう　言い方は変かもしれないですけど、たぶんシティボーイズとか僕とかゆうじさんとかは宮沢さんの台本をちょっと上から目線で見ていますね。これを使って面白いことしよう、と。けっしてありがたがって、下からは見ていない。

宮沢　なるほど！

いとう　台本を上にして見ちゃうと、それをいじっている感じは出ない。僕たちの場合、与えられたセリフをいじっている感じがたぶんあるんです。これは**芸人と役者の違いだと思う**んだけど。

宮沢　それはすごく大きいね。

いとう　やついも舞台上では「宮沢さん、こんな馬鹿なこと書いてんですよ」っていう顔で来るもんね（笑）。「どう思います、これ。大丈夫ですか」みたいな。そこのメタレベルが形成されるから、その余裕みたいなものが客に伝わるのかもしれない。

宮沢　まったくその通りだね。僕はいま若い人とやることが多いんだよね、たとえば学生とのワークショップとか。今の学生たちは僕が演劇の実作者で、どんなことやってきたかあまり知らないわけですよ。よくよく考えてみたら、僕が二十歳ぐらいの時に六十歳の演劇人を知っていたかと言われると、知らないんだよね。

いとう　それはそうだよね。

宮沢　別役さんだって四十歳くらいだったはずだし。もっと言うなら、かつてコントを書いてたことなんてまったく知らない。教員だと思ってる。ま、たしかに教員だけどさ（笑）、でも、**これは台本だよ、教科書じゃないんだよ**って言いたくなる。

いとう　最初のシーンで宮沢さんが舞台を横切って、コケてみたらどうかな。

宮沢　あ、そうします（即答）。

いとう　（爆笑）

宮沢　こないだ『ゴドーを待ちながら[36]』の新しい訳のリーディング公演があったんです（二〇一七年十一月　早稲田小劇場どらま館）。

いとう　岡室（美奈子[37]）さんの新訳ね。

36　一九四〇年代後半に書かれた劇作家サミュエル・ベケットによる戯曲。不条理演劇の古典として今なお上演されている。

37　早稲田大学文学学術院教授。専門は現代演劇研究、テレビドラマ研究。二〇一八年三月に発売された新訳版『ゴドーを待ちながら』のキャッチコピーは「前代未聞の、笑える『沈黙劇』」。

宮沢　そこでト書きの新しい演出がなにかないか考えたんだよね。リーディング公演だとたいていト書きを読む役割の俳優は後ろのほうにいてぼそぼそと読むことが多いから、それを一番前で赤いワンピースの女が読むということにしたの。

いとう　ト書き担当が一番目立ってるんだ（笑）。

宮沢　それはある種の批評だからね。今まで上演された『ゴドー』の多くがなんで面白くなかったかに対する僕の態度ですね。もちろん面白い『ゴドー』もあったけど、もっと面白くなると思ってるんだよ。だからト書きをことさら目立たせたし、ト書きだけマイクを持ってる。（サミュエル・）ベケットを演出するときそういうことができるかどうかは大きいと思うんだよね。

いとう　大きいですね。ベケットをいじれるかっていうね。ベケットをいじれないとなると、新劇時代の硬直した『ゴドー待ち』になっちゃいます。それはすごくわかるなあ。

宮沢　やっぱり権威……ケンイ・コスギになっちゃうしね（笑）。

自分が笑ったもの

いとう　この対談では宮沢さんが持っている笑いの理論とか、あるいはこれまで四回の対談で出てきたものでも、宮沢さん的に「これはもっとこう見たほうがいいんじゃないか」というのがあれば、検証していきたいんだけど。

宮沢　初期の頃は、エッセイ書く時もそうだけど、人はこのことを絶対こういう風に面白がるだろうから、だったらもう一つ上にいってやろうと常に考えていたよね。大体の人はここで笑う、ここを批評する。だったら、**もう少し違った角度から批評をしよう**、絶対に負けないっていう。

いとう　負けない……精神論じゃん！（笑）ここでついに大御所登場なんだから！

宮沢　大御所はいやだよ。ケンイ・コスギになりたくないよ（笑）。ある人がね、私は言葉のプロだからスポーツ選手がインタビュー受ける時に必ず「そうですね」って言うのが気になるって、さも大発見のように書いていたんだよ。でも、そんなのみんな気がついてるよ。じゃあ、それをどういう風に持っていくかを考えたね。誰でも思いつくことを書いてもしょうがない。もうひとひねり絶対できると。

いとう　その時についていけない感情を出しちゃったら、読者がメタレベルに乗っかってこないじゃないですか。そのエッセイの出だしはほんわかしてるよね、たぶん。

宮沢　そう。

いとう　ほんわかしていて、「この人だったらついていってもいいな」と思わせたぐらいで、いきなり罠を仕掛けてくるっていう。僕は宮沢さんのエッセイはだいたいそうなっていると思うんです。

宮沢　そうだね。もっともらしい顔してくだらないことを書いているからね。前回、枡野浩一さんがかつてみんなが僕のエッセイの文体になったって話してたけど、僕に文体なんてないと思ってたんだよ。淡々と書くだけって心がけていたから。そしたらネットに文体模写の投稿サイトがあって、みんな僕の文体を模写するんだよね。たしかにそんなふうに書いてるんで笑ったな。今はいよいよくだらなくなってきた。全体を三章に分けて、最後の章を詩で終わるっていう。

いとう　意味もなく詩で終わるんだ（笑）。

宮沢　どうやったら出鱈目なことをやれるかをエッセイでやってるよね。俳優と一緒にやる作業とはちょっとまた違う。

いとう　多分それは宮沢さんのギャグの根本じゃないですか。自分で自分につっこむとかって、エッセイだとよくあることだけど。そのツッコミを普通のツッコミじゃなくひねるわけでしょ。

宮沢　そうそう。

いとう　最近思ったことなんですけど、書いていて楽しいエッセイって、まず今思ってることを書く。そして、この一行前の自分に「とかなんとか言っている私なわけですが」と、つっこんで次の一行があるっていう。自己批判、もしくはツッコミ。それでどんどんフェイズを変えていくことがものすごい速さでできるのが実はエッセイなんです。でも、ほんわかエッセイが好きな人は、なんかバラが咲いて、それが街に香りだしたとか書いちゃう。そんなもん香ったから、なに？　全然面白くないじゃん（笑）。やっぱり「そんなもん香ったから、どうしたんだっていう話ですが」って書きたい。

宮沢　エッセイってほんわかいい話ってのが一般的でしょ。いい話に心動かされたいっていうか。いや、そういうエッセイもあっていいし、そういう中にもすぐれたエッセイも数多くある。だけど「そんなもん香ったから、どうしたんだ」って僕も書きたいよ（笑）。以前、山田という名前のような、例えに使われる名前の人は気の毒だというエッセイを書いたんだよね。「山田さんは気の毒だ」と最初にまず書いて、その後にその例をいろいろ書いたんだけど、そしたら知り合いの山田さんが怒りましてね。「私のことかと思った」って言う。おまえのことなんてまったく考えてなかったよって言いたくなるほどの自意識でしょ（笑）。しかも最初に書いてあるんだよ。「山田さんは気の毒だ」って（笑）。そこ読んでくれないのかなと。

いとう　最初の部分をものすごい速さで読んじゃったんだね（笑）。

宮沢　でも、ある人たちはバラの花が咲いたっていうのがエッセイだと思っているから、そこで転じられたりすると、ダメなんでしょうね。

いとう　それはユーモアの問題ですよね。

宮沢　それを受け止める精神。

いとう　山田さんは気の毒だって書いている時に、本当に山田さんを傷つけるために書いてるわけじゃないからね。

宮沢　違うんだよ、絶対に（笑）。

いとう　そこに**ユーモアがあるかどうかの判断は、キャッチする人間の問題**ですからね。そこで受け手と送り手の力の引っ張り具合をどうするか。丁寧に説明して客を引っ張るとイヤらしくなるし。ここは永遠の問題ですよ。舞台と印刷じゃニュアンスも変わるし。

宮沢　笑いに関しては、説明しなきゃいけないものと説明しなくてもいいものがあると思うんだよね。家の近くに予備校があるんですよ。そこに毎年写真を撮りに行くんだけど、予備校ってどこそこに何人合格したとか長くて大きな幕を垂らすじゃない。早稲田大学二十人、筑波大学三十人とかあって、最後にあるのがね、驚くべきことに日本体育大学六百四十五人。日本体育大学にものすごく入ってる（笑）。

いとう　ものすごく入ってるねえ（笑）。

宮沢　まあ、そういう種類の予備校なんだけど。体育専門の。

いとう　逆にそこから早稲田に入ってるヤツがすごいよね。体育学部とかなのかな。

宮沢　所沢のキャンパスかもしれない。みんなにこの写真を見せても一瞬わからないんだよ。僕が説明していって「日本体育大学六百四十五人」で、今と同じようにウケる。これは説明しないといけないのかと思っちゃうし、バーンと写真を見せただけで面白いものもあると思う。『スライドショー』はどうなの？

いとう　最初はバーンとわかるものしかやらなかったんですけど、みうらさんもそのために必死になって何年もネタを見つけ続けて、**本当に目玉が飛び出しちゃった（笑）。**

宮沢　（笑）

いとう　あまりにネタを探しすぎて、目玉が飛び出しちゃってさ。これは大変だってことになって、「もう、ネタを探さないでくれ」って言って。その頃からパッと見ても何だかわからないものを出すようになったんだけど、その場で二人で雑談を繰り返して転がしていくほうが面白いってことに気づいた。一発でわかるネタだとやっぱり「ＶＯＷ」[38]を超えられない。「ＶＯＷ」は「ＶＯＷ」であるから、自分たちはそうじゃない笑いをやったほうが、見

38　『宝島』誌で連載されていた読者投稿コーナー。読者から送られた新聞、雑誌の誤植、町で見つけた変なものなどで構成。単行本としてシリーズ化され、幅広い人気を博す。

たことがないものができるんじゃないかと話し合いの中でそうなってきたんです。何年か前にその頂点が一回来たんですよ。僕は昔から「みうらさん、本当に苦しくなったら、虹の写真でもいいよ」って言ってあったの。そしたら、虹が出たんですよ（笑）。

宮沢　（爆笑）

いとう　あー、みうらさん苦しかったんだ、と（笑）。目ん玉が飛び出るほど一生懸命探したネタを、その場で僕に「バカか！」って言われて。それって悲しいじゃないですか。その虹の回はすごく僕は印象に残っているんですよね。二人で虹の話してたんですよ（笑）。でも、それが自分たちの中で一番面白かった。

宮沢　僕がＷＯＷＯＷの放送で見て笑ったのが、木村伊兵衛賞[39]を受賞してもいいようなすごくいい写真があったんだけど……。

いとう　人が横断歩道を歩いてくる写真でしょ。

宮沢　でも、ひとりくだらないＴシャツを着てるんだよね（笑）。

いとう　Ｍｒ．ビーンのＴシャツを着ている香港人みたいなおじさんがひとり写り込んでいるから、伊兵衛賞が台無しになってる。そこに目をつけるのがあの人のすごいところ。そりゃ目ん玉飛び出ちゃうでしょ（笑）。

宮沢　あれは笑ったなあ。いい写真だけにね。

39　写真家の木村伊兵衛氏の業績を記念し一九七五年に創設された、写真界の芥川賞的な位置づけの写真賞。

いとう　で、そろそろ、笑いの理論を教えてくださいよ（笑）。

宮沢　あー！

いとう　あー、じゃないよ！　きょうはそのために呼んでるんだから（笑）。

宮沢　結局、**自分が笑ったってことが大きい**んじゃない？

いとう　宮沢さんは特にそうね、昔から。「俺、きょう笑っちゃってさあ」って言いながら入ってくることが確率的にものすごく多い（笑）。

宮沢　「いやあ、笑ったよ」って（笑）。いきなりいとう君のところに電話して、「笑ったよ、『馬鹿について』[40]って本があってね」とか言うんだよ。

いとう　確かにそれは宮沢さんの特徴だ。

宮沢　どこかおかしかったんだよね、きっとその頃の僕は。何を見ても笑いに結びつけていたから。表現がなかなか難しいですけど、狂人のレベルですよ。見たり読んだ物すべて笑いに変換していくわけだから。普通の人間として、それってどうなんだっていうのはあったけれど、その時はそうすることがすごく快感だった。いとう君たちと一緒に舞台をやっていた頃はそうだった気がする。エッセイを大量に書いている頃もそうだったけど。

いとう　特にエッセイの場合はネタを常に見つけてないと苦しいでしょ。

宮沢　朝日新聞に週刊のエッセイを書いていた時は苦しかった。朝日新聞の人が芝居を観に来てくれて「あのエッセイは書くのにどのくらい時間かける

40　一九五八年、精神科医のホルスト・ガイヤーの著書。人間の知性現象の問題を痛烈に批判した。

んですか？」って聞かれたんだよ。ホントは一週間考え続けて書いているんだけど、書き始めると十五分ぐらいでできる。それで「十五分です」って答えたらね、さすがに呆れられた。

いとう　書くまでの背景はありますよね。で、理論的には？

宮沢　理論はあるけどねえ……。

いとう　じゃあ、僕が一番好きな笑い話聞いてくれます？　ずっと「俺はナポレオンだ」って言っている患者さんがいて、その人が入院をして治療を受けて、だんだん「俺はナポレオンだ」って言わなくなってきたの。「これはだいぶ良くなってきたな」ってことで、最終的に退院させるかどうかの試験をすることになったんです。嘘発見器をつけて「あなたはナポレオンですか？」って聞いたら「違います」って答えるんだけど、発見器がものすごく振れてる（笑）。

宮沢　（笑）

いとう　僕、この話がホントに好きなの。この発見器が振れる「ブルブル！」というのが、一生懸命な感じなんだよ。この患者はそんなに退院したいのかぁ、とかいろいろ考えるじゃないですか。つまり、いろんな方向から果実が採れる。

宮沢　面白い。つまり一面では喜劇だけど、またべつの面から見ると悲劇だからでしょう。ナポレオンだと思っている男の悲劇があって、悲劇が含まれている分、毒のある話になってると思う。男を見つめる目がシニカルだよね。悲劇なのか、喜劇なのかわからない出来事はいっぱいある。チェーホフの『桜の園』[41]がなぜ「喜劇四幕」なんだっていうようにさ。そうした笑いを僕も書きたいけど、ただね、そういうタイプの笑いを僕はあまり考えてない。

いとう　考えてないんだ！（笑）

宮沢　まずナポレオンについて考えてない（笑）。好きな笑いの種類っていうのは……。

いとう　それ、それ！

宮沢　去年の暮れに、早稲田小劇場どらま館で「ショーケース」って三十分ずつ小さな劇団が公演する企画があったんだよね。その中に、これ俺が書いたんじゃないかと思うような台本[42]があった。営業の二人が取引先の会社に行くんだけど、まず名刺交換の姿をじっくり見せる。名刺交換のからだの状態ってすごく面白いじゃない。ごく日常的なからだの動きのなかに笑いはあると思うんだ。これがもう、俺だなと。かつてやっぱり名刺交換を書いたしね。「じゃあ打ち合わせしましょうか。イスもテーブルもないんですけど、申し訳ないです」って立ったままなのね。それで「今コーヒー持ってきま

41　ロシアのアントン・チェーホフ晩年の戯曲。『桜の園』『かもめ』『ワーニャ伯父さん』『三人姉妹』の四作品はチェーホフの「四大戯曲」と呼ばれる。

42　二〇一七年十二月に早稲田小劇場どらま館「どらま館ショーケース」で上演された犬飼勝哉『木星からの物体X』。

す」って持ってきたコーヒーを床に置く。それでコーヒーを飲むたびにしゃがまなきゃいけない（笑）。笑ったんだよね。こういう状況が僕は好きなんだね。昔書いた、「大きなテーブル」っていうコントがあって、巨大なテーブルの真ん中に灰皿が置いてある。みんなタバコを吸うんだけど、とにかく灰を落とすには腕を伸ばしに伸ばして、ようやく灰皿にたどり着くしかない。そういった種類のシチュエーションが好きなんだろうね。

いとう　それは主線の会話に関係ない動きがあるってことだよね。ちょっとダンスっぽい。

宮沢　それはあるかもしれないなあ。そこで会話している内容はごく普通でいい。むしろ普通じゃないと面白くない。人にとって本質はそこなんだけど、違うところにどうしても負荷をかけなきゃいけない状況なんだよ。だから、このあいだ報道された[43]「土俵の上に上がらないでください」はあきらかにコントだと思った。そこじゃないでしょっていう。

いとう　まったくもって、そこじゃないよね（笑）。

宮沢　クオリティの高いよくできたコントだなあと思いましたね。そういうのが大好きなんだね。

いとう　宮沢さん、ナスを付けたコントってなかったたっけ？

宮沢　ナスはないんじゃないかなあ（笑）。ナスは付けてないけど、頭に斧

43　二〇一八年四月に京都府舞鶴市で開かれた大相撲の巡業で、土俵で倒れた舞鶴市長に心臓マッサージをしていた女性たちに「女性の方は土俵から降りてください」とのアナウンスが流れた一件。

刺してるのはあった（笑）。ふせえり[44]が頭に斧を刺したまま、病院の待合室にいるんですね。なかなか順番が回ってこなくて「すいません、頭がガンガンするんですけど、まだ順番は？」「もう少し待ってください」って（笑）。これはこないだ必要があってビデオで見た『亜熱帯の人[45]』でやってたんだけど、不思議なもんでね、忘れてるよね。

いとう　僕はほとんど覚えてないですね。

宮沢　あと笑ったのはね、暇な人の家に友達が次々と来るんだけど、必ず第一声が「ゴムくせえなあ」なんだよ（笑）。だけど、その後はゴムくさいことには一切触れない。で、友達がいくら来ても暇なんだよね。この退屈な状態も好きだね。とにかく退屈で「どうしよう。しょうがないから胴上げでもやってみるか」って胴上げをする。それだけなんだけどさ。

いとう　やっぱりそれも動きなんですよね。本当は必要のない動きが入ってくるっていう面白さ。コントで重要な要素の一つは笑える構造が長続きしてくれることじゃないですか。「チャンチャン」ですぐ終わらない。だから、さっき言ったみたいないつまでも果実が採れる状態のシチュエーションを考えなきゃいけない。ウェルメイドのコントは、人間の関係性がよくできているから何度でも笑いが産めるけど、宮沢さんのほうはナンセンスですもんね。

44　女優。ラジカル・ガジベリビンバ・システムの元メンバー。住田隆とビシバシステムとしても活動。シティボーイズライブで作・演出を手がけた三木聡夫人である。

45　一九八七年に上演されたラジカル・ガジベリビンバ・システム公演。

宮沢　ナンセンスですね。

いとう　たとえば、体がそう動くことに何の疑問も持ってない人々ってこと自体のおかしさ。だから、しばらくその動きをしなくて、結局またコーヒーを取るためにしゃがむ動作がおかしいわけじゃないですか。

宮沢　**本質と別のところで何かが起こることを、我々は面白がるところがある**でしょ。僕が大学でやっている授業でテーマを決めて街をフィールドワークする演習があるんです。出会った人にインタビューする。可能だったら写真を撮らせてもらえって課題なんだけど、学生たちがハロウィンに行って写真撮ったんだよね。「この人を撮らせてもらいました」って学生が言うメインの人物のその奥に、ゾンビがいるんだよ。どうしたってそのゾンビのほうが面白いじゃない。どうしてもゾンビに目がいっちゃうっていう状態がおかしくて。僕だけですけどね、笑ってんの（笑）。

いとう　だから主線じゃないところですよね。

宮沢　主線じゃないズレたところを常に笑ってるのかもしれない。

いとう　最初の、芝居の笑いと芸人の笑いの話に戻すと、たぶん七〇年代から八〇年代頭ぐらいまではそれこそ吉本新喜劇とか、あるいは『オレたちひょうきん族』の中のコントみたいなものも結構人数使ったりしていたと思うんです。ここでいろんな人たちがいて、作家が入り込んで、そこで何かが起こるってことがあった。でも、テレビの予算がなくなって、セットも建てられなくなってきて、コント番組がここ十年ぐらいどんどん下火になって行く。そこでもうすでにあるユニットで売り出してくる芸人を使うようになるじゃないですか。

宮沢　いわゆる即戦力だよね。企業だって新卒よりキャリアがある人材を求めるし。

いとう　結果、大きな演劇的な笑いを経ないで、そのままトークの笑いに行くしかない。なので枡野君が言っているような、芝居の笑いがわからなきゃダメみたいなことは、僕もちょっとだけ危ぶんでいるんです。もっと芸人たちがそういうのを知っていてもいいのにって。芸人の単独ライブもあるけど、方法論はやっぱり漫才かコントの応用に過ぎないんで。そのために冒頭に話した「渋谷コントセンター」にも関わってるんですよ。

宮沢　テレビで作られるコントは、どれだけのマスが見てるか作り手がどうしたって考えるわけでしょ。でも、小劇場は客が入ってるっていっても視聴率で考えたら○・○一%じゃない。ただ濃さが違う。何かを渇望している人たちが集まる劇場とテレビは全然種類の違うものだなって思うわけですね。僕は一人で考えている時が一番面白いと思ってるのね。それが僕といとう君の二人なら「きたろうさん」ってだけで大笑いできるかもしれない。でも、三人になると「きたろうさんが……」とほんの少し説明が必要になる。十人になったら「きたろうさんってシティボーイズのね……」まで話さなきゃいけないし、これが百人になるとものすごい説明が多くなるでしょ。この**説明をどうやって省くか**とか、**説明がいらない状態で笑わせることができないか**ってことを考えていた、一つはね。今思い出した。……本当はもう一つか二つ何か言おうとして、忘れたっていう（笑）。

いとう　そうだろうなと思った（笑）。宮沢さん、おそらく三つぐらい重要なことを考えてきたと思うんですよね。

宮沢　……何でしたっけ？

いとう　忘れてんじゃん！（笑）宮沢さん、また来たほうがいいですよ。一時間でもいいから。今度はちゃんとメモ持って。

宮沢　あのね、最初にね、いとう君がカバの話をしたでしょ。そのときぎょう話そうと準備したことを思い出そうとしてたんだよ。だから、ちゃんとカバの話を聞いてなかった（笑）。申し訳ない。もう一回来ます。

いとう　ちゃんとやってくださいよ（笑）。宮沢さん、どう考えても思い出してないなあと思って、この二時間俺はずっと話を繋いでたんだから！

宮沢　たしかに話すべきことがいくつかあったんだよ。さっきも話したようにあれだけ影響力を持った小林信彦が触れなかった笑いをどう分析するかとかね。
　たとえばタモリさんについて小林さんはある時期までほとんど語らなかった。その喜劇観を超えるために八〇年代以降のタモリさんの存在の意味を考える作業を、『80年代地下文化論』[46]で僕はやったんですよ。ここに非身体の時代としての八〇年代がある。タモリさんはそこからやってきた。あと道化についてもね。たとえばきわめて道化性の高い由利徹[47]さんの面白さと、竹中の面白さがある。では、いとう君やバカリズム君はどういった位置にいるのか。考えてたんだよ。きょうは笑いについて話すぞおって、勢いだけはあったんだけど、勢いはあっても人は忘れるね（笑）。ただわかったのはねえ、意外と話ってできるってことだった。

いとう　いや、それは宮沢さんじゃなくて、みんなが決めることだからね（笑）。まあ、きょうはいろんな話もできたし、歴史的なことも聞けたから僕は面白かったと思います。ひょっとしたら宮沢さんとまたやるかもしれませんけど、今回はこの辺で。ありがとうございました。

46　『東京大学「80年代地下文化論」講義』。二〇〇五年に宮沢が東京大学の非常勤講師としておこなった講義をまとめたサブカルチャー論。二〇〇六年に発売され、二〇一五年に補講を加えた「決定版」が発売となった。

47　喜劇役者。八波むと志、南利明と脱線トリオを結成。東北弁を使った軽妙な口調で親しまれ、生涯を喜劇役者一筋で活躍。「カックン」「オシャ、マンベ」といったフレーズも人気に。

第六夜

きたろう

きたろう

俳優。1948年生まれ。1979年、大竹まこと、斉木しげると
コントグループ「シティボーイズ」を結成。テレビ、映画、
舞台と幅広く活躍中。近年の出演作に映画『殿、利息でご
ざる！』『モリのいる場所』『体操しようよ』などがある。

自分好きの極意

いとう　こんばんは。「今夜、笑いの数を数えましょう」、第六回目のゲストはシティボーイズのきたろうさんです。

きたろう　きのうまでお客さんいると思わなかったからさ。お客さんの前で話すって聞いて、ビックリしちゃったよ。

いとう　普通に俺と二人で対談すると思っていたんだよね。やっぱり、きたろうさんは趣旨をわかってなかった（笑）。

きたろう　でも、お互いシャツがブルーとピンクで合ってるね。打ち合わせてないのにね。薄い信号みたいで、なんかいい感じだよね。

いとう　一生懸命しゃべっていますけど、きょうは笑いのことをちゃんと技術的に語ってもらうって企画なんですよ。

きたろう　うーん、笑いを語るってカッコ悪いよね。

いとう　まあ、そう言ってくると思ったけどさ。

きたろう　セックスを語るみたいなもんだよ。笑いなんて語るもんじゃないよ。

いとう　えらそうに！　セックスのことなんかなんにもわかってないくせに。一番わかってないじゃない、きたろうさん。

きたろう　いとうはよくわかってるよね。

いとう　いやらしい顔で見ないでこっち！

きたろう　笑いとセックスは近いよ。

いとう　今、適当に言ったでしょ？

きたろう　……はい。

いとう　共通しているとは思えないんだけど。

きたろう　どっちも語ってはいけないものってことでは共通点はある。だから、いとうぐらいの文化人は語ってもいいんじゃないの。俺みたいなコメディアンが語るとやっぱりカッコ悪いんだよ……ま、俳優だけどね。

いとう　どっちなのよ！（笑）一応、言っておくと、きたろうさんは僕の師匠です。

きたろう　勝手に呼んでるだけで、俺は認めてないよ（笑）。

いとう　認めてないかもしれないけど、三十年以上師匠、師匠って呼んでるんだから。

きたろう　なんで俺が師匠なの？

いとう　きたろうさんの笑いのセンスに「あ、これだな」っていうのがあったからね。きたろうさんは、よく俺が師匠、師匠って言うと、「お前がそういうふうに呼ぶのはイジメだ！」ってイヤがるけどね。

きたろう　そりゃ、そうだよ。俺のどの辺が師匠なんだよ？　年齢？

いとう　最初に会った時、きたろうさんはまだ三十いくつかでしょ？　僕が二十一、二だったから。僕はまだ学生で、プロのお笑いの人に会ったこともない状態だった。

きたろう　俺もいとうと初めて会った時に弟子だって思ったもん。

いとう　え？　思ってくれてたんだ！　なんで今までそれ言わなかったの？　桑原茂一さんがスネークマンショーで映像作品を作りたいって話がきっかけで出会ったんですよね。

きたろう　それで飲み屋で顔合わせしたんだよ。

いとう　伊武雅刀さんがいて、シティボーイズがいて、俺がいて。

きたろう　竹中（直人）もいて。あの時、飲み屋で俺はいとうの隣にいたんだよ。

いとう　店の電圧が変で、ちょっとだけ暗くなったから、俺が小さい声で

「キャンドルサービスかな？」って言ったら、きたろうさんが「ブッ！」って笑ったんだよ。その瞬間に「この人、俺のことわかってくれてる」って思ったんだよね。

きたろう　じゃあ、記憶違いだなあ。

いとう　違うの？

きたろう　電気が消えた時にみんなが「テロか？」とか「なまはげが来るかもしんない」とかいろんなこと言い出した時に、冷静にいとうが「停電ですよ」って言ったんだよ。それを聞いて「これは俺の弟子だ」と思ったね。

いとう　（爆笑）逆の逆を行ったってことね。

きたろう　そうそう、冷静にね。その笑いのセンスだよね。

いとう　初めて来た一番年下のヤツが、他のコメディアンがいるのにそれを言ったってことだね。

きたろう　俺は鮮明に覚えてるなあ。

いとう　じゃあ、俺と記憶が違うね。

きたろう　お前はね、意外と記憶がダメだよね。

いとう　意外とじゃなくダメです。

きたろう　本当に自分で作るよね、小説みたいに。

いとう　作りますか？
きたろう　作る、作る。いろんなこと作るよ、お前。
いとう　そう？
きたろう　そうだよ。いとうの『ゴドーは待たれながら』[1]をやった時だって……。
いとう　きたろうさんの一人芝居ね。僕が台本を書いたやつ。
きたろう　あれだっていとうが死にそうな顔で俺に「やってくれ」って頼むからやったのに、いとうにはその記憶がないんだよね。「俺がやりたい」って言った話に変わってる。全然記憶が違うんだよ。
いとう　あの台本は、きたろうさんに当て書きしてたからさ。
きたろう　そういうふうにちゃんと言ってくれれば、俺だっていいよ。……うれしいよ。
いとう　うれしいの？(笑)僕は「師匠、師匠」とか言っているけど、きたろうさんにちゃんとお笑いについて話を聞いたことないじゃないですか。もちろんちょっと恥ずかしいし、それを聞くこと自体、笑いを目指す人間としてはどこかみっともないことだけど、ここでは違う角度から……言ってみたら文化的側面から、笑いについて語ってみましょうということなんです。その中でも僕がきたろうさんに聞いておきたいテーマは、**意地悪だと笑**

1　一九九二年に出版されたいとうによる戯曲。サミュエル・ベケットの『ゴドーを待ちながら』のゴドーを主人公にした一人芝居。同年、いとう演出、きたろう出演により舞台化。二〇一三年、ケラリーノ・サンドロヴィッチ演出、大倉孝二出演により再上演。

うってどういうことだろうっていうことがあるんです。

きたろう　意地悪はあまり日常的じゃないよね。

いとう　日常的に意地悪なことを思っても、口には出さないしね。

きたろう　出さない。でも、それをストレートに言うと、笑いになる部分があるよね……まあ、適当に言ってるけど。

いとう　適当でいいです。適当でいいから言ってみて。

きたろう　基本的に俺は意地悪なんですよ。

いとう　知ってる。

きたろう　愛のある意地悪。

いとう　まあ、それもわかる。単なる意地悪は笑えないからね。単純だから。

きたろう　きょうテレビを見てたら嘉門タツオが出ていたんだけど、ひっくり返るほど笑っちゃったね。

いとう　どうしたの？

きたろう　お坊さんにね、お墓参りの歌を作ってくれって頼まれて、ビートルズの替え歌で作った曲が「ＨＥＹ！浄土」。

いとう　それ……そんなに笑うヤツ？　どの側面で笑ってるの？

きたろう　現実として俺は浄土が近いでしょ？　浄土に行けるかどうかわか

らないけど、そういうのが切実でおかしいんだよね。「ヘイ・ジュード」と「ヘイ・ジョード」っていう微妙なシャレの面白さだよね。

いとう　あ、実際歌うと相当「ジュー」と「ジョー」の音を近づけてるんだね、きっと。無理やりね。それはなまりがおかしいみたいに確かにおかしい。脳をくすぐる。

きたろう　宮沢（章夫）のシャレで「僕は風呂屋のイトヤマです。フロイト、フロイっちゃんです」っていうのも微妙におかしかったね。……全体の流れがないとわかんないか。

いとう　流れとか別に関係なくて、俺の記憶だと、そのギャグはきたろうさんだけがものすごく気に入ってた（笑）。俺とか大竹（まこと）さんとかは、そんなおかしいところじゃねぇなって感じだったよ。

きたろう　だって「風呂屋のイトヤマです」って言うんだよ？

いとう　「略してフロイっちゃんって呼んでください」って言うんでしょ？　きたろうさんは「ケヘケヘケヘッ！」って笑っていたけど、公演のあいだ中、そこは誰も期待してなかったところなんだよね。

きたろう　でもね、ここにだってシャレの落差があるよ。風呂屋だろ、それでイトヤマさんでしょ、それが精神医学者のフロイト[2]になるっていう**ズレ**

のシャレが面白いと思わないのか君は。

2　ジークムント・フロイト。オーストリアの精神分析学者。

いとう　いやいや、君は、って言われても。いまのはきたろうさんの素直なところだと思う。きたろうさんはシティボーイズで舞台やる時も、どうしてやめないんだと思うギャグをいくつかやりますよね。俺たち全員が止める感じで、「きたろう、それは笑いにならないぞ」とか「あそこ面白くないですよ」とかいくら言っても、「そんなことはない。俺は一瞬しらけるのが好きなんだ」とかさえ言うよね。

きたろう　言わない！

いとう　言うよ！　言う、言う！

きたろう　全体が笑うのも好きだけど、本当にわかり合える人たちと笑いを共有する瞬間が好きなんだよ。全員がシーンとなったら問題だけど、二、三人は笑う人がいるだろ。

いとう　一緒に舞台にいるこっちからしたら、迷惑なわけですよ。

きたろう　それが**俺には大爆笑に聞こえる**んだよ。

いとう　頭がおかしいよ！

きたろう　聞こえるの！

いとう　じゃあ、そこをちょっと掘るよ。きたろうさんは、ちょっとカスるぐらいがいいみたいな姿勢があるよね。

きたろう　未完成がいいっていうのはあるね、知的に言えば。

いとう　ああ未完成がいいのかなあ……。きたろうさんは人が笑うと思って、何かをポンって言って、ほんの少し笑い待ちをするじゃないですか。でも、笑い待ちをするのも申し訳ないくらいの間でウケない。毎回きたろうさんは「しまった！」みたいな顔しているけど、きたろうさん自身はそこに何の快感を覚えてるのかなって不思議に思う。そこもきたろうさんの意地悪さの一つなんじゃないの？

きたろう　違う、違う。ウケなかったら、大竹やいとうの後ろに隠れればいいと思ってるんだよ（笑）。

いとう（爆笑）

きたろう　別にずーっと前にいる必要はないんだよ。

いとう　そうだけど、そこでわざわざカスる必要もないじゃないですか、本当は。でも、ギャグを言わずに芝居に戻っちゃうのはイヤなんだよね？

きたろう　そう。

いとう　なんか一個言っておきたいんだよね。

きたろう「きょうのお客はダメだな」とか思いながらね。

いとう　ひどいね！

きたろう　快感なんですよ！

いとう　それを知りたい。そのセンスって、ある意味高度なセンスですよ。

きたろう　他の人が笑わせているからいいんじゃないかな、一人ぐらいは、っていうのはあるよね。無責任にね。ここは笑わせなきゃいけないっていうところはカスらないよ。

いとう　まあ、そうだね。僕が会ってきた人の中には、そんな人は誰もいないけどね。コメディアンはやっぱ自分がウケることを考える。もちろんサポートして誰かをウケさせるのが好きな人もいるけど、わざと出ていってカスって帰ってくる人はいない。いや、ホントに！

きたろう　わざとやってるわけじゃないんだよ！　ウケなくても三日ぐらいはやるけど、いとうやみんなの意見が正しかったと思ったら、ちゃんとやめるよ俺だって。最後までやってないよ、そんな図々しく。

いとう　図々しく！（笑）でも、わざと引くようなことを言うのもきたろうさん好きじゃないですかって言ってるんですよ。

きたろう　そんな好きかなあ……。

いとう　それ言っちゃったら……的なひどいことを言うとか。

きたろう　意地悪っていうか、**人の失敗を人一倍喜ぶ**っていうのはあるけど。

いとう　（爆笑）それはきたろうさんのお茶目な意地悪さ。もう一つはすごい残酷なきたろうさんもいる。障害のある人に対する差別のセリフとか、わざとちょっと強めに言ったりもする……もちろんそれは芝居の中ではその差別自体を笑ってるんだけど、きたろうさんは恐れずに客が引くようなことを言うのが好きだと思う。

きたろう　それ言ったらウケると思ってるからね、俺は。

いとう　ウケると思ってるんだ。それがきたろうさんの不思議さなんですよね。

きたろう　でも、意地悪とかそういうのはお笑いに必要なんじゃないの、それが笑えれば。笑えないと残酷なものになっちゃうけど、意地悪してそれが笑えるのは観ている人も「俺もそんなもんだな」と共通感があるんじゃないのかな。

いとう　それを狙っているんだったら、理解できる。もう一つは、すごく引くようなことを言うと失笑が出る場合があるでしょ。人って笑っちゃいけないようなことを言われた時に筋肉が痙攣しちゃうっていうか、本当の笑いじゃないヤツが出る時がある。あれを笑いとしての範疇に入れて狙ってるのかな、と。

きたろう　失笑狙ってどうすんだよ！

いとう　失笑狙ってるんじゃないの？

きたろう　俺のギャグで失笑なんか、みんなしてません。

いとう　えー？
きたろう　えーじゃないよ！
いとう　嘘でしょ？
きたろう　嘘じゃないよ。
いとう　あと下ネタとかぶっこんでくる時あるでしょ。「やめろよ、きたろう！」って毎回言われるヤツ。
きたろう　『ゴドー』の時も「この下ネタだけはやりたい」って言って、いとうが「やめなさい！」「いや、やらしてください」でやったら、ウケなかったことあるね（笑）。
いとう　（爆笑）あれはウケると本当に思ってたの？　それとも僕の芝居の中で役者としてちょっと意地悪をやりたいっていうことじゃないの？
きたろう　違う違う、ウケると思っているの……ひどいだろ？（笑）
いとう　（笑）
きたろう　ホントにね、ウケなくっていいやなんて思ってないんです。
いとう　普通それがウケないってこと、何回かやれば覚えるじゃない。
きたろう　うん。
いとう　なのに毎公演そういうシーンがある。で、やめない。ま、途中でやめるかもしれないけど、何回かはやる。

きたろう　それはね、舞台はお客様のためにあるだけじゃないんだよ。自分のためにもあるんだからね。その両方でやる。ほんの少しだけど、自分の楽しみを得たっていいじゃない。

いとう　ここは重要だからしつこく掘るけど、でも、そのことでシーンとなっているわけだから……。

きたろう　だから波だよ！　ちょっとシーンとさせて、また波が来る。そういう流れを考えてるんだよ。

いとう　でも、その引きの波を作るのはきたろうさん一人だからさ。こっちは客が冷たくなっちゃったから、あったかくしなきゃなんないな、ってなる。でも、それはいいんだよね？　きたろうさんの俺たちに対する意地悪さというか、遊び心というか。

きたろう　考えてはないけどなあ、そういうふうに……。そう捉えるのか、君は。

いとう　いやいや、君はじゃなくて。きたろうさんの客が引くことに対する異様な執着ってなんだろうってことですよ。

きたろう　そうねえ……。

いとう　例えば、宮沢さんが演出してくれた何年か前の舞台で[3]、（中村）ゆうじさんが一人だけ舞台上に出っぱなしでうしろの椅子に反対向きに座って

3　二〇一三年上演、シティボーイズミックスPRESENTS『西瓜割の棒、あなたたちの春に、桜の下ではじめる準備を』。

いた時、俺ときたろうさんがそっちにまわって行くと、あの人がエロ本を出してたり、チンチン出したりしてたことあったでしょ。ああいう、ゆうじさんの楽しみはわかる。それが見えてる俺たちだけを笑わそうとしているっていう。でも、きたろうさんは客に向かってやっちゃうんですよ。それでシーンとなっちゃって、うまく処理できなくてあたふたして、噛んじゃったりする時あるでしょ（笑）。俺が執拗に解明しようとしているのは、アレはなんだろうってことなの。

きたろう　そうねえ、お客さんを引かせようなんて、そんなこと考えたこともないよ。だから、俺が感覚的にダメなんじゃないの……反省してるよ、俺は（笑）。

いとう　あともう一つ、例えばさっき楽屋できたろうさんが来て「いとう、きょうはなんなんだよ?」って言うから、「え、知らないんですか？　笑いを技術論的に語ってもらうんですよ」って言ったら、きたろうさんが「へーーッ！」って、すごくバカにした発音で言ったよね（爆笑）。あれ、ものすごい意地悪だよね。

きたろう　うん（笑）。

いとう　「バカじゃないの！」って言うならまだしも、「へえ」っていうのは文字にしたら納得しているふうなセリフだけど、でも声を張って「へーーッ！」ってさ。

きたろう　ちょっと小馬鹿にしてるよね（笑）。

いとう　ちょっとじゃないよ！　きたろうさん、そういうのが超うまい。この対談にKERAが来た時に話したけど、きたろうさんの本読みにはビックリするって話をしました。「へえー」ってセリフを脚本家は納得している意味合いで書いているのに、きたろうさんの場合は、納得していないことを納得したふりをするという解釈で声で表現する。

きたろう　基本的に何か面白い言葉が台本に書いてあって、それを言って笑いが起こるのは当たり前で、俺の力じゃないと思ってるわけよ。そんなのはね、二回もやったら飽きちゃう。やっぱり人間が面白くないとね。（椅子に座ったまま）こうやって立っているだけで面白いでしょ？

いとう　座ってるし！（笑）ひどい嘘だよね。本当にちゃんと立ち向かわないよね。力抜くっつーか。

きたろう　お前、ツッコミうまいねえ（しみじみと）。

いとう　（笑）

きたろう　本当、いとうのツッコミとか、大竹のツッコミとか、みんなツッコミの仕方が違うけど、俺がホントは餌をあげるようにボケて……。

いとう　食いついてきた感じなの？

きたろう　そうそう。

いとう　えー！

きたろう　いとうも細かいところにつっこんでくるよねえ。

いとう　僕はすべてを拾っていくタイプですから。

きたろう　だから**俺の方は存在が面白くないといけない。**そういうところで笑わせたいよね、基本的に。笑わせたいというか、楽しんでもらいたいよね。別にテクニックでもなんでもなく、自分の中にあるものなんだよね。コメディアン資質みたいな。

いとう　ちょっと脇から見るみたいなヤツ？

きたろう　普通の人が「へえー」って言っても、笑いにもならない。

いとう　ただの単純な意地悪になっちゃう。この単純さ、平板さはなんにせよ快感を生まない。ＫＥＲＡが言ってたよ、きたろうさんは背が小さいのも要因だって。立場が弱いように見える人が「へーッ！」って言うからおかしいんであって、斉木（しげる）さんみたいに大きい人とか、実際に地位を得てる人とかが「へーッ！」って言うとすごいイヤなヤツに見える。

きたろう　俺の場合、**かわいいからおかしいんじゃないの？**

いとう　（爆笑）くそ野郎ですよね（笑）。ま、確かに茶目っ気があるのは認めざるを得ない。腹が立つけど。しかもきたろうさん、ずーっと鏡を見てるもんね、楽屋で。

きたろう　そうそう。

いとう　ずっと鏡見て髪の毛を触ってる。気持ち悪いよね、自分が好きで好きで。

きたろう　うるせえな！　好きなんだよ！（笑）

観客との一体感

きたろう　笑いってどんなに勉強したってできるものじゃないんだよね。持って生まれた何かがあるっていうか。

いとう　風呂屋のイトヤマのフロイトじゃなくて……精神分析のフロイトがユーモアのセンスは生まれつきだって言っているんです。これは変えられないって。

きたろう　フロイトが！

いとう　そう、あのフロイっちゃんが。だから分析不可能なのかも。ある程度鍛えて覚えていくことはできるけど、何とも言えないその人のおかしさっていうのは持って生まれたものなんだということにもなるかもしれない。（古今亭）志ん生師匠なんかもそうだよね。もう出だしの「えー」って声だけでおかしい。あれはなんなんでしょうね。

きたろう　でも、志ん生師匠も毎回は成功してない。つまんないのもいっぱいあるみたい。でも、俺の感覚的にはそのつまんない時の自分も、志ん生師匠は好きだったんじゃないかなと思う。自分が好きだからね、俺の場合は（笑）。

いとう　あ、なるほど。名人は名演しか残らない。それは長いキャリアの芸人だからこそ言える真実ですね。ただし失敗も客が許した。それはフラがあるからだ、と。

きたろう　ウケなかった時の自分も好きなの。

いとう　そうだ、それだ！　俺だったら、自分がカスったら、それを自分で責めちゃう。それはツッコミだからってこともあるよ。おかしいな、きのうと同じ間で言っているのに今日ウケないのは俺のせいだなって思っちゃう、でも、きたろうさんは……。

きたろう　そういう自分が好きってなっちゃうんだな。

いとう　（爆笑）ボケは最高だね！

きたろう　そうか、ちょっと分析してわかった。

いとう　きたろうさんみたいに自分が好きっていうのは、ある種のコメディアンにとってはすごく強いよね。芸人って大スベリした時、基本やっぱり何日か精神的にキツいもんね。

きたろう　キツい。

いとう　普通の役者は筋を運べばいいけど、芸人はそれじゃ納得いかない。しかも、一回ドッカン笑いを味わったら、あれは麻薬みたいなものだから、やっぱりそれ以上のドッカンがほしくなる。コメディアンはそういうものじゃないですか。

きたろう　でも、客ものすごく残酷な目で見ているよね。俺は**客の残酷さからお笑いをやろうと思ったた**んだよ。あの『里見十勇士』？

いとう　『真田十勇士』と『里見八犬伝』が混じっちゃってない？（笑）

きたろう　ああ、「真田」だった。『真田十勇士』の真面目な舞台に立っていて、その時に俺は猿飛佐助だったんだよ。忍者だから橋の欄干に隠れていて、そろそろ出ていこうって時に橋の欄干にぶつかっちゃった。真面目な芝居だから、俺は当たっていないことにしようと思ったんだけど、「ゴン！」と音がしちゃって（笑）。そしたら客がガンガン笑うわけだよ。ここはね、笑うとこじゃないだろって思った。真面目なお芝居で、俺は当たってないフリしてちゃんとした演技をしてるんだから。でも、「ゴン！」って音がダメで（笑）。

いとう　客がこらえきれなかったんだね（笑）。

きたろう　それで**客は残酷で、意地悪**だな、と。で、笑いをやろうと思った。

いとう　どういうこと？（笑）

きたろう　俺はね、そういうことをしたら笑われる人間だって気づいたの。いとうが「ゴン！」ってやっても……。

いとう　ああ、笑われない。雰囲気が変な感じになる。素直に笑いになってくれれば楽なんだけどね。だから一人で処理するなら「ったく、大道具の野郎」とかツッコむことになる。人のせいにするしかない。

きたろう　それは資質だよね。俺はお前が「ゴン！」ってぶつかったらものすごく笑うけど（笑）。

いとう　そうでしょうね（笑）。袖から舞台に出てきてまで笑うだろうね。

きたろう　笑う。

いとう　わざと「どうした？」とか言って。

きたろう　「ケガは大丈夫か？」

いとう　って言うよね（笑）。それでお客は気持ちよくなって、次のシーンに入れる。まさにコメディ・リリーフ。僕はそれがすごく枷でしたよ。キャラ的に失敗がしにくい。だからこの十数年は素直なボケ部分をなるべく表に出すようにしてます。それは同じツッコミのくりぃむしちゅー上田（晋也）とか、水道橋博士にもずいぶん前から言ってて。俺たちツッコミは衰えると手に負えない。だから先回りしてボケておけって。そういえば、昔シティボーイズライブで俺がチョッキを後ろ前逆に着たままコント[4]をやった時、きたろうさんが「ちょっと君、後ろ前、逆だよ」って、すぐに言わないで一分ぐらい経ってから言ったでしょ。意地悪なんだよね（笑）。

きたろう　充分楽しんでからね（笑）。だからお笑いってもう資質だね。

いとう　きたろうさんが前に言っていたのは、真面目な芝居を新劇でやっていたけれど、ある時一人で舞台の上に立っていたら、この舞台の上に俺がいればいいのかと思ったって。

きたろう　そんなこと言ってないよ。俺がいればいいなんて偉そうなこと。

いとう　俺が立ってさえいれば別にいいんだって言ってたよ。

きたろう　ああ、何もやらなくていいって意味ね。

いとう　その時にコメディアンになろうと思ったって言っていたような気がするけど、それはどういうこと？

きたろう　それはちょっと君の記憶違いだなあ。

いとう　そうなの？

きたろう　浅草の演芸場で、シティボーイズでコントを一生懸命やったの

4　一九九八年上演、シティボーイズライブ「真空報告官大運動会」。大きなダルマのコント。

ね。でも、ウケない。で、ある時もう何かするのをやめようって三人で舞台に立ってたのよ。

いとう　ただ、ボーッと？

きたろう　ボーッと立ったり、劇場のちょうちんをながめたりしながら「あぁ、すごいとこだな」とか言っていたら、ドッカンドッカン、ウケたんだよ。

いとう　どういうこと？　シュールすぎるけど（笑）。

きたろう　一生懸命やって笑わそうと思った時、演芸場に来るような目の肥えたお客さんは、俺らが必死すぎて気の毒に思っちゃったんだと思う。

いとう　あー、あるある。それよりも力を抜いて、**客と空気を一緒にしてくれると一気に笑える**時がある。

きたろう　そういう笑いは別に目指してはいないけど、その場その場でちゃんと笑わせられるようにならなきゃね。シティボーイズで大阪に行った時、まったくウケなかったんだよ。あそこの大劇場……「なんぶ花月」みたいな。

いとう　「なんぶ」？　「なんば」でしょ。南部があるなら北部もないと。

きたろう　……「なんば」だよ！　もう千人ぐらいいるところで何もウケなくて。三人で焦っていたら、あまりにも可哀想だからって、吉本の人から

「この台本をやったらどう」って渡された。一日で稽古して、やったんだけど、またまったくウケない。ああ、ダメだなあと俺たち思ったわけ。でも、ラジカル（・ガジベリビンバ・システム）で大阪に行った時にはウケた。だから客層によって……俺は何が言いたいんだろ（笑）。

いとう　知らないよ！（笑）

きたろう　俺たちのコントは、意外とわかりづらいコントではあるけどね。

いとう　むしろラジカルのほうがシュールなことやってましたからね。シティボーイズ（ライブ）でも、大阪だからもっとベタにしなきゃダメかっていうと、そんなことは全然なかった。シティボーイズとか僕とかを観に来るような客は、大阪の中でもかなり変わったものを観たい人だろうから、よりナンセンスに貪欲だよね。むしろ東京の人のほうが、ぼんやりしてる。

きたろう　大阪は、スパーンと早く笑って、スパーンと切るよね。

いとう　次の芝居を早く観たいんだよね。客から「やれ！　やれ！　やれ！」って言われてるような気がする。

きたろう　そう、それにドンドン乗れるんだよね。東京の人はダラダラ笑ってね……。

いとう　失礼なんだよ！（笑）

期待を裏切るべし

いとう　そもそも新劇からシティボーイズの三人だけが抜けてコントに行ったのはどうしてなの？　ちゃんと聞いたことがない。

きたろう　そこを聞きたい？

いとう　聞きたい。

きたろう　それはね、生活しようと思って。劇団やっていて、仲間だった風間（杜夫）が食えるようになった。

いとう　映像の世界へ行ったからね。

きたろう　それもあって「よし、俺も食おう。生活できるようになる！」と思った。二十九までバイトで店頭販売やってたんだよ。

いとう　なんの？

きたろう　掃除機のアタマ売ってた。

いとう　きたろうさんが？

きたろう　「取れるよ、取れるよー」って。

いとう　それは売れないよねえ（笑）。一方、斉木さんはどこ行っても店長にならないか、正社員にならないかと言われてたんでしょ。

きたろう　そうそう。

いとう　大竹さんはヒモだもんね。
きたろう　大竹はヒモ。でも、どっかのバーのマスターをやったりしてた。
いとう　お酒一滴も飲めないのに。
きたろう　飲めない。
いとう　で、三人で話し合ったんだ。だけど、それまでは新劇やっていたから演芸場に行くツテがないじゃん。
きたろう　なんにもない。
いとう　今はコントを観ようと思ったら、コントライブってものがあるけど、当時はコントだったら主に演芸場かストリップ劇場でやってたんだよね。
きたろう　俺たちは演芸場でやってないもん。
いとう　じゃあ、どこで？
きたろう　最初の頃からジァン・ジァンとか。
いとう　最初から、単独公演なの？
きたろう　単独公演だよ、ずーっと。月に一度、小さなスペースで六人、七人ぐらいのお客の前でやっていたら、ジァン・ジァンでやることになった。ジァン・ジァンでお客が入るようになって、（三遊亭）圓丈さんの実験落語の会[5]に呼ばれたりして……。シティボーイズ自体は最初からずっと単独公演。

5　一九七八年に渋谷ジァン・ジァンでスタートした三遊亭圓丈主催による新作落語の会。二〇一六年より「実験落語ｎｅｏ」として、渋谷ＣＢＧＫシブゲキ!!で復活。

いとう　すごいね。最後まで変わらない状態でいたわけだ。

きたろう　コントだって当時は四十分ぐらいあったからね。それを毎月二時間やってた。

いとう　それはすごいよね。新作でしょ？

きたろう　全部新作。

いとう　へえ。それで見るに見かねて宮沢さんが入ったってことなの？

きたろう　見るに見かねてじゃないよ！　歴史を言うと、池袋の劇場でやっている時がちょうど漫才ブームで、フジテレビのディレクターから「コントやってくれないか」って番組に呼ばれたんだよ。俺たちその頃から面白かったんだよ。

いとう　そうだよね（笑）。俺は学生の頃テレビで見てたもん。

きたろう　そのあとに『お笑いスター誕生!!』[6]。

いとう　そういう順番なんですか。

きたろう　『スタ誕』やりながら、自分たちのライブもずーっとやってた。その時に竹中が「一緒にやらせてくれ」って、一緒にやるようになった。竹中の友達が宮沢で、「面白いヤツがいる」って竹中が宮沢を連れてきたんだよ。

いとう　ジァン・ジァンで『ハワイの宮沢君』とか、宮沢君シリーズ[7]やってて

6　一九八〇年から日本テレビ系で放送されたお笑いオーディション番組。シティボーイズは十週を勝ち抜き、グランプリを獲得。

7　一九八三年九月の第三回公演から「シティボーイズ・ショー」に作・演出として参加した宮沢章夫の名前がタイトルに掲げられた。八三年九月『照れ屋の宮沢くん』、八四年一月『おおいばりの宮沢君』、八四年五月『ハワイの宮沢君』。

たでしょ？

きたろう　『おおいばりの宮沢君』とかね。

いとう　すでにタイトルが意地悪だね。きたろうさんが付けたんでしょ？

きたろう　そう。っていうか、宮沢が今みたいに偉そうじゃなかったんだよ（笑）。

いとう　でも『おおいばりの宮沢君』って付けたでしょ？

きたろう　だから、宮沢があまりにもおとなしいから。

いとう　あ、逆になんだよね！

きたろう　いばってほしくて『おおいばりの宮沢君』ってしたんだよ。でも、全然いばらないし、本当に謙虚なヤツだったよ、昔は。それがあんな風になって……。

いとう　あんな風にって！（笑）その頃は食えてるの？

きたろう　『スタ誕』に出てからすぐに食えるようになった。

いとう　いろんな番組に出たり？

きたろう　番組なんかないよ。

いとう　営業？

きたろう　事務所が給料制にしてくれた。だから稼ぎはないよ。

いとう　給料だって稼がないともらえないよ。

きたろう　でも、もらえたんだよ。
いとう　誰が稼いでたの？
きたろう　ミュージカルぼーいず[8]とかそういう人たちが稼いでた。
いとう　上の先輩たち？
きたろう　そう。ある時、あれは給料じゃなくてバンスだって言われて驚いたよ。
いとう　バンスっていうのは芸人用語で前借りって意味です。元はジャズ界の用語。
きたろう　それで、すぐに返した。でも、給料にしてくれたのはうれしかったね。
いとう　お金の心配をしないで、安心してやれる。その前にきたろうさんには「ポポさん」っていうピエロ時代があるでしょ？　そこが謎の時代なんだよね。きたろう＝ポポの時代はどうなってるの？　シティボーイズと同じ時期なんですか？
きたろう　バイトと一緒の時期だから、まだ食えない頃だね。関根サーカスっていうのがあって、そこでやってた。石丸謙二郎[9]がぺぺさん、俺はポポさん。俺は日本で初めてしゃべるピエロで、コントみたいなこともやったの。うしろに象のハナコちゃんがいるってことで、いろいろ出し物が終わっ

8　当時、シティボーイズとともに人力舎に所属していたボーイズグループ。

9　俳優。シティボーイズのかつての劇団仲間。つかこうへい作品『いつも心に太陽を』で舞台デビュー。ちなみにシティボーイズのグループ名は当時石丸らと組んでいた草野球チーム名に由来。

たあと「ハナコちゃんを呼びましょう！」って、カーテンの向こうにロープがつながっていて、ちびっこを呼んで「みんなでハナコちゃんを引っ張ろう！」って引っ張ると、ちっちゃなぬいぐるみの象が出てくる。これはウケなかったねえ（笑）。

いとう　あははは。それは期待を裏切り過ぎてるからだよね（笑）。

きたろう　**期待を裏切るのが好き**でねえ。

いとう　その頃から、わざとすべるのをやってたんだ。ウケると思ってたの？

きたろう　子どもはがっかりするだろうけど、大人にはウケると思ってた。でも、大人もそんな大きくはウケなかったね（笑）。でも、やり続けたよ、十日ぐらい。

いとう　今と同じじゃん！（笑）全然変わらない。

きたろう　でも、おもしろかったなあ。

いとう　きたろうさん、そこで笑いが好きになってるじゃん。

きたろう　そこでもやっぱり俺は笑いの資質があると思ったね。

いとう　思ったんだ、自分で！

きたろう　わかりやすい例を挙げると、発泡スチロールの大木があって、ピエロが座ろうとすると、大木がテグスで引っ張られてコケる。その大木にハンカチを置いて「そこに座りましょう」とやって、座ろうとしたら「ドン！」とコケるわけね。まあ、俺はコケの天才だからね。コケた後、その大木を見る。何回も引っ張られて、何回もコケるんだけど、これを素人がやっても、なんにもウケない。俺がやるとドカンとかまではいかないけど、確実にウケるんだよ。それは笑いの資質と大木を見るタイミング。目線の動きだけで面白くできる人とできない人がいるんだよね。

いとう 「あれ？」って気持ちで見ないと面白くない。前にもこの対談で話したけど、笑いの人って**忘れる能力がすごく必要**じゃないですか。

きたろう そうだよね。

いとう **本気で「あれ？」って顔ができるかどうか**ってことですよね。それで笑いが起きる。舞台だと、本当この目線ひとつで笑えるか笑えないかが変わってくる。

きたろう 基本的に言葉で笑わすより、そういう笑いのほうが好きだね。

いとう 次の芝居にいっても、隅のほうでずっと気にしてたりするのは俺も好き。

きたろう いとうは、そういうのうまいよね。

いとう 俺はずーっとやってられる。半忘れが得意だから。

きたろう 「ピアノの粉末[10]」だってお前の顔が面白いよね。「なんで、こんな

10 一九九五年上演、シティボーイズライブ『愚者の代弁者、うっかり東へ』で上演された三十万円のヤマハのアップライトピアノを粉末にするコント。

のがあるんだ？」って粉末を見てるあの顔。あの顔は一緒にやっていておかしいんだよ。

いとう　謎の黒い四角錐があって、きたろうさんが「ピアノの粉末だ」って言う。しかも、そんなものが家の中にあることにコントの間、ずーっとびっくりしちゃってる。アレがピアノの粉末だって言われた後は、きたろうさんとしゃべってる間も、俺はちょいちょい粉末を盗み見てるからね。それはリアルだもんね。

きたろう　でも、やり過ぎだなあって思う時もあったよ。

いとう　あったの？（笑）見過ぎだって。

きたろう　ちょっと笑いをほしがってるような。

いとう　まずいじゃん、それ。媚びてるじゃない。

きたろう　媚びてるんだよ、まずいよ。

いとう　それはすいませんでした。きたろうさんがコケるのうまかったって言ったけど、きたろうさんは前にのめって転ぶのもできるし、後ろもいけるし、ヒジを外すズッコケや、頭ぶつけたりすることもできるでしょ。日本でこれを全部できる人は堺正章さんときたろうさんだけだと思う。前に聞いた時、俺は絶対にケガしない自信があるって言ってたよね。

きたろう　でも、酔っ払って転ぶとケガしちゃうけどね（笑）。

いとう　それは別の話だから（笑）。あれはどこで覚えたんですか？
きたろう　やっぱり力を抜いてるね。コケた瞬間にもうなすがままっていう感じ。
いとう　俺もふと思い出して、自分でやってみたりするけど、きたろうさんみたいにはいかない。コケた後の情けない感じとか。何かの影響なの？　キートン的な？
きたろう　これも資質じゃないかなあ。
いとう　だって、イス引かれてドーンっていけるのは怖さを克服しないとできないですよ。何か見たでしょ？
きたろう　見てないよ、何も。
いとう　何かを見てそれやりたいなと思って真似したんじゃないの？
きたろう　違うね。
いとう　じゃ、生まれた時からあんなことしてるの？（笑）そんな赤ちゃんいないでしょ。自分の首も据わってないのにドーンとかってないでしょ、そんな赤ちゃん。
きたろう　じゃあ、何か見たんだね。
いとう　見たんじゃん（笑）。もし、僕がきたろうさんのコケを人に説明する時に、さっき言ったように、ここに支えがあることを忘れる能力が……。

きたろう　分析するねえ。
いとう　ないところにあると思い込む能力がないと、コケられないじゃん。
きたろう　なるほどねえー。
いとう　あ、絶対にバカにしてるね。
きたろう　こういうのをね、真面目なドラマでもやりたいと思っちゃう。その欲望を抑える時のつらさ！
いとう　（笑）
きたろう　刑事ドラマで犯人を追いかけてる時、ちゃんとコケてるんだからね、俺は。
いとう　あ、そうなんですか！
きたろう　それで監督が「ＯＫ！」って言ってくれるんだよ。そしたら次の台本で「ここでコケる」って書かれるようになったんだよ（笑）。
いとう　見事なコケを一発かまして、認められたんだね（笑）。

生まれつきの資質とは

いとう　笑いに関して言うと、ポポさんの前はなんだったんですか？
きたろう　俳優小劇場[11]っていう劇団に入って、そこで小劇場運動とか、真面

11　劇団俳優小劇場。一九六〇年に早野寿郎らにより結成。シティボーイズのメンバーが養成所に所属。

目な芝居をやっていたんだけど、なんか楽しくなかったのね。新劇ってお客さんを啓蒙するような舞台が多かったから。

いとう　思想劇とか？

きたろう　自分はそんなかしこくないのにね。だから斉木さんがとりあえず「思想のない演劇よりもそそうのないコント」[12]って言い出して。

いとう　あれ斉木さんなの？　きたろうさんじゃないの？

きたろう　斉木が言ったんだよ。

いとう　斉木さんなの？　それは重大な誤りでした、すいません。僕はきたろうさんが言ったんだと思って世の中に残してきたけど、斉木さんなの！

きたろう　斉木が言ったと思うよ。それで本当にコントみたいな舞台をやり始めた。

いとう　新劇とか言っている時代からもう笑いだったんだ。

きたろう　新劇って言っていた時代はほんの短いあいだだけだよ。

いとう　そうなんだ！

きたろう　もう、笑い、笑い。

いとう　風間さんとかもいて、みんなで笑わせてたの？

きたろう　そう、そう。

いとう　そうだったんですか！

12　一九八三年一月に渋谷ジァン・ジァンで開催された「シティボーイズ・ショー」第一回目のタイトルにもなった。

きたろう　もういろんな笑わせ方をしたよね。

いとう　それを知りたいわ。

きたろう　暗転から明かりがつくと役者全員が座っていて、すごい近くの目の前で客の顔見てたり、そういうの。

いとう　それ、笑いかな？（笑）お化け屋敷じゃない！

きたろう　駐在さんとか郵便屋さんがいて、駐在所を背中に背負って……こうやって話してるだけだと、あまりおかしくないかもしれないけど（笑）。いや、おかしかったよ、シュールで。

いとう　その時は別役（実）さんの影響はなかったんですか？

きたろう　あったね。先輩と別役さんの舞台もやった。おかしかったなあ。舞台で笑っちゃって、どうしようもなくて。

いとう　吹いちゃったんだ。

きたろう　吹いちゃうよ。みんなで食事してるんだけど、先輩の面白い役者さんが「そこの海苔ください」って言うのがおかしくてね。

いとう　全然わかんない！（笑）「そこの海苔ください」って普通のことじゃないの？

きたろう　普通のことだよ。

いとう　その前段階がおもしろいの？

きたろう　ギャグじゃなくて、その先輩が面白いんだよ。

いとう　それ、別役さんじゃなくて？（笑）

きたろう　でも、別役さんの本はそういう要素もあるだろ？

いとう　ああ、そっちの意味か。確かに真面目に言えば言うほど面白いんですよね。ただ、ほんとに真面目な人がやってもさほど笑えないんだよね。ここはちょっと高度だけど、どう言ったらいいかな。ふざけた感じが奥底に入ってる人じゃないと面白くないというか。

きたろう　笑いをずーっと押し殺すパワーがないとダメなんだよ。

いとう　そう。状況のおかしさをまさに「半忘れ」して、それをあくまでも真面目にやるっていうね。フラの意識的な作り方にも通ずるんだけど。そういえば、きたろう師匠は演劇をやる前は落語をやっていたんですよね？

きたろう　うん。高校の時ね。俺の原点はそこにあるね。高校行って演劇やりたかったんだけど、演劇部が女の子しかいなかったんで恥ずかしくて。それで落語に誘われて、三年間落語やってました。

いとう　その時のきたろうさんの名前はなんなの？

きたろう　俺は古関安広。

いとう　いや、落語の名前だよ！（笑）本名は知ってますよ俺！　あるでしょ、「鈴々舎なんとか」とか!

きたろう　そういうのはないの!　それでひたすら覚えて正座して……やったなあ。ちゃんと市民会館でやったりね。

いとう　ウケた?

きたろう　覚えたのを一生懸命やっただけだった。でも、俺はかわいかったからな。見てられたんだよ。

いとう　それ、自分で言うかね。客に許されてたんだ。

きたろう　でも、落語は難しかったね。本当に間の勝負だからね。その頃は何も知らずにいたけど。お客はそんなに笑わない、こういうやり方じゃ人は笑わないってことを知ったことが、後の勉強になったね。大学に行って演劇ができるようになって、一年生の時から『木口小平はラッパ吹き』[13]の主役だった。でも、先輩の演出家に「その落語の口調なんとかならないか」って(笑)。

いとう　「するってえと〜」ってヤツ?(爆笑)「あの野郎、ラッパを離さねえってなあ」って、新劇でそんなのダメでしょ。

きたろう　落語口調はダメだってことがわかって、それもひとつの勉強になった。でも、当時から一年生なのに主役だよ。すごいよ、もう。

いとう　自分はやっぱりやるなと思ったわけだ。

13　木口小平。日清戦争の日本陸軍兵士。戦死した際も口から進軍ラッパを離さなかったことから英雄視され、その逸話が戦前の小学校の教科書に掲載された。

きたろう　思ったよ。なんかあるんだろうな、俺には。
いとう　（爆笑）それを言って許される人と許されない人がいるよ。
きたろう　はっきり言っちゃうと、それは、**実際はそんなふうに思っていない**からなんだよ。半分ぐらいしか思ってない、そこなんだよ。
いとう　あー、なるほどー。
きたろう　わかるだろ？
いとう　半信半疑ぐらいなんだよね。自分で自分を疑っている人は面白いんだけど、疑っているだけだと、ちょっとつまんないからね。一方でむやみに信じてる面があるのはおかしい。茶目っ気って、チャックが開いちゃってるとか、そういう無自覚部門のかわいさだから。
きたろう　俺、血液検査で血を採ろうとした時、看護婦さんに「チャック開いてますよ」って言われて、慌てちゃったことがあるよ。
いとう　慌てちゃうよねえ（笑）。血を出す前に違うものが出ちゃってた。
きたろう　看護婦さんに「チンポ出てるよりいいだろう」ってちゃんと言ったんだよ。
いとう　やめなさいよ！　それはそれとして、この対談の中でも茶目っ気問題は時折出てきたんですよ。一つの解釈として、きたろうさんが言う「半信半疑みたいなこと」が一つの要素というのはあるかもしれない。

きたろう　でも……元々がかわいくないとダメなんじゃないかな。

いとう　一〇〇％信じてんじゃねえかよ！（爆笑）

きたろう　なんでおかしいんだ、馬鹿野郎！　笑いはね、実は意図してやってないんですよ。だからそういう意味では語ることはない。

いとう　こう生まれちゃったってことかな。

きたろう　そういうこと。

いとう　それ、最終結論だよ。前に浄瑠璃の人間国宝・竹本住太夫[14]さんにも芸の向上のさせ方の最終結論を聞いたけど、結果「やっぱり生まれつきやね」で終わっちゃったからね。

きたろう　それを喜んでくれる人がいるから、よりそれを精鋭化しようっていうぐらいなもんでね。

いとう　どうやって精鋭化してるの？

きたろう　精鋭化って言葉はちょっと適当に言いました……（笑）。

いとう　（爆笑）

きたろう　俺は基本的に客に甘えてるんですよ。なんだかんだ許してくれるだろう、と。俺のこういう甘えた芸をお客さんの半分は許してくれて、半分

14　七世竹本住太夫。人形浄瑠璃文楽太夫。一九四六年に二代目豊竹古靭太夫に入門し、二〇一四年の引退まで六十八年間太夫として活躍。一九八九年重要無形文化財保持者（人間国宝）に認定。二〇〇八年フランス・芸術文化勲章コマンドゥール、二〇一四年文化勲章受章。二〇一八年四月逝去。

は許してくれない。そこで、半分許さない人がいることを俺が知ってることがすごいんだよ。

いとう　(笑) それを知った上で甘えていくんだ。

きたろう　そうそう。半分の人はたぶん大丈夫で、半分はたぶん嫌い。だから、客を笑わせた時にも自分が笑わせてるんじゃないって確実に思ってる。

いとう　どういうこと?

きたろう　いとうのリアクションとかそういうことでおかしいのであって、自分がおかしいわけじゃないっていうのは絶えず思ってる。

いとう　絶えず思ってるの?

きたろう　絶えずはちょっとオーバーだけど……。

いとう　どっちなのよ!

きたろう　四割ぐらい……六割?

いとう　七割じゃなくて?

きたろう　……七割。

いとう　ほとんどだよね、それ(笑)。ま、それくらいないとね。ボケは自分のタイミングがあるし、声の質とか、どこを向いて言うのかとか、わかっているわけでしょ。それを受けるこっちも、実は何も言っていなくても目線だけでつっこむこともできる。そういった間合いを上手にアシストしてくれる人たちとコントをやるのが最高だよね。
きたろう　今日だっていとうがつっこまないで、ボケ同士が話していたらどういう会話になるかわからない。
いとう　俺、きたろうさんと斉木さんでそういう泥沼何回も見たことある。
きたろう　（苦笑）
いとう　アレはホントにひどい。
きたろう　それは俺がつっこむ側にまわるから大丈夫なんだよ。
いとう　いやいや（笑）。的確じゃないもんツッコミが！「そこじゃないのに！」って思いながら、袖から見てるケースだよ、それ。
きたろう　斉木はね、話すのは好きだけど笑いがそんな好きじゃないからね。
いとう　笑いが好きじゃないの？
きたろう　自分がおかしければいいんだから、アイツは。
いとう　それはすごいですよね。俺と大竹さんは絶対、一回ツメがかかったら、二度と外さないっていうか、次の日も同じところ、○・《コンマ》○○○一秒のズレなく同じトーンで言える。
きたろう　だからツッコミは言えるんだよ。でも、ボケは言えないんだよ。
いとう　どういうこと？

きたろう　ボケはちゃんと演技しなきゃダメなんだ。それに対してツッコミは普通の人だから、普通に言えばいい。

いとう　あ、そうか。さすが師匠。

きたろう　でも、大竹もちょっとツッコミが早いなって思う時もあるけどね。

いとう　ちょっと飽きちゃってるのかな？

きたろう　違う違う、飽きじゃなくて慣れ。慣れてくるとツッコミが早くなっちゃう場合があるんだよね。

いとう　はいはい。芝居の小直しで、それは気をつけあうことありますね。で、そういう微細な早さはともかく、きたろうさんが言っているのは、ツッコミはリアクションだから、相手に対してどういう時に言うのかがほぼ変わらないってことでしょ？

きたろう　そうだね。

いとう　初発の何かを仕掛けてくるボケの方が、最初のきっかけが決まってないから、すごく難しい。

きたろう　難しいし、ボケの方が飽きるからね。意外とツッコミは飽きないんだよ。

いとう　そうね。つっこむことで笑いが起きてくれるからね。エサが目の前にある。

きたろう　でも、サンドウィッチマンはおかしいよね。なんであんなにおかしいんだろ。

いとう　本気で怒ってる感じになってますからね。ツッコミが早めっちゃ早めなんだけど、怒りの芝居の強度で慣れに見えないように補完しちゃうというか。それでスピード感が出る。

きたろう　そこだよね。**怒ってる人を見るとおかしい**よね。

いとう　ツッコミの指摘がおかしいと同時に、そんなことで怒ってることがおかしい、と。

きたろう　そうなんだよ。怒りはやっぱ笑えるよね。

いとう　さらに、ボケの方は何食わぬ顔しているから、余計におかしい。

きたろう　そうなんだよ。俺なんか会社の駐車場に黙って駐車しちゃってね。ガードマンのおじさんに「なんでこんなとこに置くんだ」って、ものすごく怒られたんだけど、そのおじさんが鼻垂らしてるんだよ（笑）。こんな人に怒られている自分にがっかりしちゃう。おかしかったなあ。そういう落差だね。

師匠から弟子へ

いとう　きたろう師匠とこうやって話せる機会も近頃なかなかないですよね。

きたろう　あのイベント以来だね。

いとう　『いとうせいこうフェス』でずいぶん久しぶりにコントやりましたよね。五分もないネタ。それこそピアノの粉末ですよ。

きたろう　（シャツをゴソゴソしだす）

いとう　何してんの？

きたろう　「そのイベントのTシャツ着てきたぜ！」って言おうと思ったら着てなかったな（笑）。

いとう　（爆笑）これ、全然わざとじゃないよね。それがもう虚実皮膜だよね。正直、あのコントやった時は、きたろうさんとコントやるのは、もう人生最後かと思って寂しくなりましたよ。

きたろう　そうだよねえ。

いとう　どうにかならないの？

きたろう　なにを？

いとう　コント。やらないの？

きたろう　もう若い人がやった方がいいんじゃない。
いとう　まあ、そうかもしれないけど。
きたろう　シティボーイズはファイナルとちゃんと銘打って、ファイナル・パート1、パート2[15]までやっちゃった。本当はファイナルでやめたかったんだけど、「ファイナル」って言葉でお客を呼ぶのはイヤだったから、パート1って付けただけなんだよね。
いとう　照れなんだ、アレは？
きたろう　そうそう。もう長嶋（茂雄）みたいなもんだよ。
いとう　ただいるだけでいいみたいなヤツ？
きたろう　違う、違う。
いとう　永久に不滅です？
きたろう　違う。
いとう　セコム？（笑）
きたろう　……。
いとう　だってわかんないんだもん！　長嶋みたいって言われても、この三つくらいしか思いつかないよ！
きたろう　最後に哀れな姿を見せずに、シティボーイズは終わる、ってこと。他では別にやってもいいよ、全然。

15　二〇一五年六月にシティボーイズ　ファイナルPart.1『燃えるゴミ』、二〇一七年六月にシティボーイズand三木聡『仕事の前にシンナーを吸うな』が上演された。

いとう　ほんと?

きたろう　でも、シティボーイズは、カッコイイままで終わりたいっていう願望はあります。

いとう　そういうことは、だいたいきたろうさんが決めてることだからね。

きたろう　でも、何かって言うと、危機の時はいとうが助けてくれたよね。

いとう　そういう役ですから、しようがないですよ。

きたろう　断らない男だよね、意外と。

いとう　きたろうさんから言われればね。シティボーイズとは親戚みたいなもんだし、たくさん教えてもらったし。だって、一応弟子でしょ。

きたろう　そうか!

いとう　なに、「そうか!」って(笑)。

きたろう　弟子か。

いとう　きたろうさんが集めてくれてもいいんだよ。

きたろう　ほんと、いとう君は断らないよ。感謝してるよ。人がいいんだね。

いとう　いま、適当に俺を誉めることで、この対談をやめる方向に持っていってるね(笑)。

きたろう　……もう、そろそろ飲みに行こうよ。

いとう　うん、行きましょうか。随分いろいろ聞けたし。今日は本当にありがとうございました。これが弟子として聞ける師匠からの最後のわりとまともな教えだと思ってます。きたろうさんでした。

きたろう　すいません、なんにも内容がなくて。

エピローグ

宮沢章夫

センスの問題

いとう　前回、来てもらった時に宮沢さんが笑いについて言いたいことがあるのに忘れたって言っててね。二時間もしゃべった挙げ句、最後の最後に一つしか出なかったじゃないですか（笑）。次にやった時には思い出すって言うから、来てもらったんだけど。（宮沢が持参した全対談原稿のコピーを目の前にして）コピーにすごい付箋が付いてるじゃないっすか！　前回との違いが凄すぎるよね。

宮沢　これはちゃんと読んでる感があるでしょ。

いとう　あるある。

宮沢　ある時気がついたんだけど、この付箋っていうのは人に読んでる感を与える。

いとう　まず付箋の色の種類が多すぎますよね。これは何か色で分けてるの？

宮沢　分けてない。その時の気分で。でも、これは重要だなって思うところは赤で……これを読んで改めて、まずみんな共通して言うことがあるなと思って。例えば、「**無自覚**」とかね。そういうのは興味深いなと思って読んでたんですよ。この対談では「センス」って言葉で結構言ってるけど、秀逸さってあるじゃない。バカリズム君がビデオデッキにチンチンが挟まっちゃって、次にどうするかっていう展開で、カスタマーセンターに電話するっていうのはホントに面白いと思う。**それはやっぱりセンスなんだとしかいいようがない。**それはなんなんだろうと思って考えてたんだよね。

いとう　そこは一番難しいところですよね。

宮沢　単に抜こうと思って必死になってる展開でもいいわけじゃない。それがカスタマーセンターに電話するっていうのがね（笑）。

いとう　当然、センターの人には言うに言えないところから始まるんだろうしね。それですぐに下ネタのほうに走って、「イテテテ！」ってだけで笑わせてると、最初はウケたとしても、一分後、二分後にはもう笑いの数はなくなってくるわけじゃないですか。一番の盛り上がりが最初にきちゃうから観てるほうが飽きてきちゃう。そこをどう引き延ばすかっていうことがやっぱりセンスなんですよね。

宮沢　そうだね。うちの母親、もう八十六歳だけど、少し頭がぼんやりしてて、ときどき妄想を見るんだよね。夢と現実がちょっとわからない。それでひねりが利いてて面白いなと思ったのは、うちに相撲取りの夫婦がいるって（笑）。

いとう　相撲取りがいるならまだギリギリだけど、夫婦はねえ。奥さんのほうも女相撲なのかなってとこだよね（笑）。

宮沢　それはね、笑ったんだよ……いろいろありますよ。

いとう　今回はそのいろいろをちゃんとやりましょうよ（笑）。**俳句における付かず離れずみたいな、**例えば「鯉のぼり」っていうお題があった時に、「元気な子ども」なんてもう絶対に付けちゃいけない。どういうふうに元気なものから離していって、どう鯉のぼりをうまく言ってみせるかっていう勝負をずっと何百年もやってるわけじゃないですか。そこに笑いもだいぶ近いと思うんですよね。何をそこに合わせるかっていうセンスの問題。

宮沢　シティボーイズミックス[1]の時、きたろうさんが入ってきて、「システムエンジニアです」って言うのが最初にあった台詞だけど、それはあんまり

1　二〇一三年上演、シティボーイズミックスPRESENTS『西瓜割の棒、あなたたちの春に、桜の下ではじめる準備を』。

面白くなかったんだよね。ふと思いついて「経済アナリスト」にしたら(笑)。

いとう　一気に胡散臭くなったんだよね(笑)。しかも、きたろうさんだったから。経済アナリストがあんなに背が小さいはずないとかさ(笑)。そこは本当に微妙な選択で。

宮沢　Aマッソ[2]の漫才を観て面白いと思ったのはその辺のことで。言葉の選択がすごくセンスいいなと思ってね。それは見事だったな。

いとう　Aマッソのコントの中で「**松下幸之助かよ！**」みたいなツッコミがあるのね(笑)。

宮沢　(爆笑)

いとう　あの年代の子が、それを言うことのおかしさっていったらないじゃない。

宮沢　ない。

いとう　しかも、松下幸之助をどう捉えているかもちょっと疑問っていうかさ、そこも笑えるじゃない。

宮沢　「○○かよ！」って、なにを持ってきてもいいわけだよね。その中で松下幸之助を選んでくるっていうね。

いとう　そこがセンスなんですよ。ここの付かず離れずがわからない人はホ

2　村上愛、加納愛子の女性お笑いコンビ。二〇一六年に東京体育館で開催された『いとうせいこうフェス～デビューアルバム「建設的」30周年祝賀会～』にも出演。

ントにベタっていっちゃうか、ナンセンスっていう名前で、ものすごく遠くに離して笑えないものにしちゃうんだよね。だから本当にギリギリなんですよね。

宮沢　それは対談の中でも話してたね。**スベるかウケるかのギリギリのところをどうやってやるか**っていう。それをうまく選択できるかどうか。それは笑いの態度にもあるでしょ。これぐらいウケとけばいいだろっていう態度とまったくそういうのを無視してる態度と。その間に何かがあるんだよね。緩衝地帯みたいなものが。そこが一番かっこいい、センスがいいんじゃかなと思う。

いとう　そこでクールな感じでいこうと思った時にすごく力になるのが、お客がその人のセンスをすでにいくつか見てきて、信頼してるっていう。その場合は結構なキワキワまでいってもお客が信頼してるから、一発で迷いなく笑えるけど、まったく見たこともないような人がちょっと離れたギリギリを言うと、「あれ、間違えたのかな?」とかってあるじゃないですか。ここって**信頼を重ねることの意味みたいなもの**が一番出る瞬間なんだと思うんですよね。

宮沢　それはこの人のやってることは面白いことである、という信頼関係?

いとう　そうそう。

宮沢　昔、僕がテレビでやったのが、『オールスター実家大賞』[3]っていう番組で、芸能人の実家を訪ねて行って、それを審査員が採点しなきゃいけないんだけど、採点すること自体に意味がない（笑）。

いとう　何なのそれは？　実家に採点するって失礼だし！（笑）

宮沢　ただ採点してもつまんないから、ナスとおしぼりとパパイヤを置いて、どれか挙げるってことにしたわけですよ。客を入れて収録したんだけど、所ジョージさんがＭＣで、客が所さんに対して「この人は面白い」という前提がある。絶対にウケないと思ってたんだよ。だって、採点がナスかおしぼりだよ（笑）。でも、所さんが「ナス、ナス、おしぼり！」って言うことで面白いものになるっていうことに驚いた（笑）。

いとう　そこなんですよね。そこには**客と演者のうっすらとした信頼**がベースにあるんですよね。これはきたろうさんの回で話したんだけど、別役（実）さんの芝居でやってる役者の顔がおかしかったんだって、きたろうさんが言い出してね。別役さんの芝居も新劇の人が笑いをわかってなくてやると、すごいクールにやるんだけど、あんまり面白くないんですよね。でも、ベタベタに狙ってきてもイヤじゃないですか。そのギリギリのところをきたろうさんは笑いを押し込めるような力が必要なんだって言ってたけど、それはどうして伝わるんだろうっていうのもあるんですよね。いわゆ

3　『所さんのオールスター実家大賞』、一九八六年にフジテレビ系で放送。

る「フラ」ってやつだと思うんですけど。

宮沢　それはこの対談で何度も出てくるところだけど、その人が持ってる特別性みたいなものは拭いようがないっていうか、かなわないわけですよ。もちろん古今亭志ん生という人は、めちゃくちゃ落語がうまい人なんだけど、そのうまい人が高座に上がって「もう飽きちゃった」って言うと、すごく面白くて、かなわないじゃない。

いとう　その志ん生的なところに行くためにはどうしたらいいのかって難しいよね。

宮沢　だから、自分のことをよく知るってことはあるんじゃない。

いとう　自分の特性ですか。

宮沢　自分は志ん生側じゃない、桂文楽[4]側だとかね。

いとう　自分は上手にやりたいと。

宮沢　自分はとにかく緻密に緻密に作りたいとかさ。

いとう　自分の狙い通りお客を笑わせるとか、感動させるとか、表現という意味では、小説も笑いも同じだと思うんですよね。

宮沢　ものを作る側にとって、自分自身のことをよく考えることって必要なことだと思うんですよね。たぶんきたろうさんの真似はできないし、当然きたろうさんにはなれないし。

4　八代目桂文楽。落語家。奔放な芸風の五代目志ん生に対し、緻密な完璧主義の芸風で知られる。一九七一年八月の高座で台詞を忘れて絶句し、「勉強をし直してまいります」の言葉とともに途中で高座を降りた。その年の十二月に逝去し、それが最後の高座となった。

いとう　絶対になれない。

宮沢　今、ちょっと思い出したことがあったんだけど、また話が逸れちゃうから置いといて（笑）。

いとう　え、何が出てきちゃったの？

宮沢　きたろうさんのね、もっともらしいこと言うけど嘘っていう（笑）。昔、きたろうさんが骨折した時があって、一緒にタクシーに乗ってたら、運転手さんに「どうしたんですか？」って言われて「ハンググライダーでね」って即答するんだよ、あの人（笑）。

いとう　なんで咄嗟にそんな嘘をつくんだろうね（笑）。

宮沢　それで運転手さんがどんどん質問してくる。ハンググライダーなんて知りやしないしさ（笑）。

いとう　虚言癖の人は一人でもそういうことやるじゃない。きたろうさんは、宮沢さんを笑わせようとしてる。**明るいよね、この嘘は。**

宮沢　明るいね。きたろうさんが一人だったらやらないね。

いとう　一人で窮地に陥ってもさ、全然面白くないもんね。宮沢を笑わせてやろうとか思ったわけでしょ。

宮沢　客観的に見てる僕がいて、それを誰かに伝えるってことが前提なんだよね。

いとう　狡いからね（笑）。省エネ殺法だから、きたろうさんは。最初のセンスの話に戻るけどさ、演者があんまりくどくて笑わせる感じが出てもイヤなんだけど、あまりに出ないのも……。

宮沢　すごく笑いを考えてた頃は「それはあざといからやめよう」みたいなことはよく言ってた。笑わそうとしてるのが表に出てきちゃうとイヤだったんだよね。あともう一つ、ここを笑ってもらいたいんだっていったら、そこに行くまでどうやって笑わせないかっていう苦労はしたっていうのは思い出したね。それは倉本（美津留）君の話でも出てくるんだけど、笑うポイントまでどうやって持って行くか。いとう君がピン芸がイヤになったたっていうのはそういうこともあるよね。

いとう　出て行ってすぐに笑われるからね。

宮沢　それでどうやって我慢するか、我慢させるかっていう。これも技術としてあるんじゃないかと思う。

いとう　そうかも。今、思いついたんだけど、**落語のまくらってその調整時間なのかも**ね。自分はこんなセンスですよとか、真面目な顔してますけど、ときどきとんでもないことも言いますよ、みたいなことを客に伝えるみたいなさ。志ん生なんかは、「だんだん出てくる猫の金玉」みたいなわけのわかんないこと言ったりさ（笑）。この人、凄い人だなあって思ったら、人情の話がずーっと続いても、やっぱりついていきますよ。前奏というか、**イントロってすごく重要**なのかも。出てきていきなりギャグ言って、いきなり笑うことってほぼないんじゃないですか。

宮沢　それがメジャーな人だとパブリックイメージができてるから、さっきの所ジョージさんの話で言うと、この人が言うんだから面白いって信頼してるっていうのは絶対あるんだろうな。

いとう　お芝居でもそうなんじゃないですか？

宮沢　だから、まくらをやらなきゃいけないのかな……。

いとう　また、例の悩みがあるんだ（笑）。

宮沢　こないだ、鈴木慶一[5]さんが観に来てくれて。

いとう　宮沢さんのツイッター読んだ。面白いのに笑っていいのか、周りを見ちゃうってやつでしょ。

宮沢　そこは笑っていいんですけどね。でも、確かに一人で笑うのはちょっとはずかしいとかあるんだろうと。これは難しいところだけどさ、一人で笑っててすごく不愉快にさせる人っているじゃない。笑うのが下手な人。

いとう　います、います。なんでも笑っちゃうから、その後が面白いのに、笑われちゃうと、風船の空気が抜けちゃう。だから、その後の笑いがドーンと来ない。あれは困っちゃうんだよね。

5　ミュージシャン。ムーンライダーズのほか、高橋幸宏とのビートニクス、KERAとのNo Lie-Senseとしても活動。俳優として一九九七年に上演された宮沢章夫主宰の遊園地再生事業団公演『あの小説の中で集まろう』（作・演出／宮沢章夫）に出演。二〇一八年九月二二日の宮沢のツイート。「【14歳の国】ミュージシャンの鈴木慶一さんが来てくれた。『笑いたいんだけど、周りがなんか笑っちゃいけない感じなんだよ』と。また言われた。」

宮沢　もう一つね、枡野（浩一）君が言ってた、**現場の空気がテレビだと伝わらない。**それはすごくわかるね。

いとう　あの意見はおもしろかった。

宮沢　テレビで『M-1グランプリ』を見てて、絶対にジャルジャルが優勝だと思った時があったの。あの時は誰だったかな……髪の薄い人たち……。

いとう　あ、トレンディエンジェル（笑）。

宮沢　僕は正直そんなに面白いと思わなかったんだけど、現場ではドカンと来てて。

いとう　盛り上がったっていう印象ね。

宮沢　そうそう。それがテレビだとわからない。緻密に作られたジャルジャルのほうが全然面白かったよね。

いとう　ジャルジャルは総じてずっと面白いわけだけど、スタジオで観覧してる若い女の子だけだと、あれをちゃんと受容してあげられないのはあるかもしれない。あと、枡野君が言ってた通り、現場で行われてることの音とか芝居をカメラでカットバックとかで見せてると、現場で起こってることと違っちゃうっていう。撮影の技術がこんなに発達しててもまだそういう問題があるのかっていう感じですけどね。

宮沢　サッカーだって、一方の攻撃ばかりが映ってる時があるじゃない。

こっち側のゴールキーパーは何してるんだっていうね。

いとう　あるある。

宮沢　野球だと三塁打がわかんないんだよね。球場に行くと、打者がめちゃくちゃ走るんだよ（笑）。それはテレビだとわかんない。それはどうしようもないんだよね。現場行かないとわかんないことっていっぱいあるなあと思うけど、**逆に映像だから面白いことも絶対にある**はずだよね。

いとう　三塁打の場合は、飛んでいったボールのほうを映像が追っかけてるけど、その間も打者は走ってるわけじゃないですか。一瞬、走る打者を映して、またその打球をキャッチしたところまでは映すけど、その間に映ってないところではとんでもないことが起こってるってこともできるってことですよね。全員がネズミのかぶり物して穴を探してるとか（笑）。モンティ・パイソンみたいな人たちが作ったのは、カメラで撮るとこうなりますよね、だったら裏をかきましょうみたいな笑いだったわけで。だから、**テレビの裏をかくみたいなやり方**はその頃に割とやられちゃってるのかもしれないね。

宮沢　だって、モンティ・パイソンは番組の始まりで短いスケッチがあって、すぐエンドロールを流すとかって、でたらめだからね。影響された、テレビ作ってた頃。あと、『(巨泉×前武)ゲバゲバ(90分!)』なんかもそうだと思う。六〇年代にある意味テレビの黄金時代は終わったのかもしれないし、そのあと萩本(欽一)さんが、また新しいテレビの方法を考えたけど、初期や幼年期ってなんでも面白いじゃない。

いとう　そこに可能性が全部あるからね。

宮沢　その面白さは絶対あったと思うんだけど。その後に僕なんかが放送の仕事を始めた時に、いま話したモンティ・パイソンみたいに、**どうやったらテレビでもっと面白いことができるかな**って考えてたよね。シティボーイズでインタビューやるんだけど、斉木(しげる)さんときたろうさんしかカメラに映ってない。大竹(まこと)さんはカメラのこっち側で話に参加するっていうのをやったんだけど、理解されなかったね(笑)。

いとう　なんなんだろうって思っちゃうんだろうね。馬鹿馬鹿しいんだけどね(笑)。

宮沢　舞台になるとまた別のいろんな試し方があったなとかね。例えば、ちょっとした間とかね。いとう君がこの対談でも、ちょっと間を置かなきゃダメなんだみたいなことを言ってたじゃない。ボケたら一瞬を置かなきゃいけないって。でも、この間ってどのくらい?　っていう。

いとう　これは説明してもねえ……。

宮沢　わかんないでしょ。あと、**笑いって忘れちゃうってことが重要**って何度も話してるじゃん。

いとう　**上手に忘れる**っていうね。

宮沢　例えば、悪いことをして何をしたかを問われて「どんな？」「万引きとか……万引きとか……あと、万引きとか」って、前に言ってたことを忘れちゃうってヤツなんだけど、これはなかなかねえ。

いとう　難しいですねえ。どうボケてくるか、二回目で予測されてるから、三発目をどういくかっていう。でも、それが腕の見せ所なんですよね。

宮沢　これができたのがね、ふせえりでしたよ。『ヒネミ』[6]って舞台でやったのは「瓶とか……いろいろな瓶とか……あと瓶とか」ってセリフなんだけど、ふせえりはうまかったねえ。**その都度、忘れることができるんだよね。**

いとう　変な間とかも使わないのかもね。スルスルスルーって言ってっちゃうのかも。

宮沢　そうかもしれない。そういうのは技術なのか、その人の持ってる感性なのかがわからないですね。

いとう　少なくとも、その馬鹿馬鹿しさを理解してないと真似できないかも

6　一九九二年に遊園地再生事業団で上演された宮沢章夫作品。一九九五年に再演。一九九三年に岸田國士戯曲賞を受賞。

ね。

宮沢　絶対にそうだね。

いとう　「瓶とか……瓶とか」って言ってることの馬鹿馬鹿しさがわかった上で、それをどう言えば一番面白いかを練習した時にスルッと言っちゃえばおかしいんだ、みたいなことに気が付くんじゃないですかね。だから、そこは確かに生まれつきとしか言いようがないかも。

宮沢　理解できないとねえ。

いとう　「なんで同じことを何度も言うんですか？」って聞かれたらさ（笑）、逆にその人の馬鹿さを生かしてセリフを書いてあげるしかないよね。

宮沢　そこは難しいとこだよねえ。

いとう　難しいけど、楽しいとこでもありますけどね。今みたいなのは、一番家で練習したくなる。いまだに家で練習してることありますから、どこで使うでもなく（笑）。ラップでうまいヤツを聞くと、俺もやってみたいなと思ってちょっと真似してみるのとすごい似てるの、感覚が。

宮沢　すごく身体的なんだろうね。笑いとラップだけじゃなく、なんでもそうだと思うけど。

いとう　リズム感的に言うと、**どうやったらかっこいいかってことと、どうやれば面白いかはほとんど同じ**だから。

宮沢　そうか、いまの「瓶とか……瓶とか」もリズムだね。音楽的ななにかも笑いの要素の一つなんだろうな。それがないとやっぱりダメだもんね。

いとう　音楽においてはリフレインすることはおかしなことじゃないから全然疑問は持たない。でも、**リフレインがかっこいいってことは知ってるっていうセンス**なんでしょうね。「瓶とか……瓶とか」みたいなものは。

宮沢　反復っていうのは笑いにはあるからね。

いとう　**スネークマンショー的なもの**ですよね。

宮沢　（桑原）茂一さんっていう人は、僕らが知ってるオーソドックスな笑いについては無知がゆえのすごさっていうのがあるじゃない。

いとう　あった、あった。

宮沢　普通だったら、まず普通の人が出てくる。二番目にちょっと変な人が出てきて、最後に落とす。でも、茂一さんの場合は最後に落とす人を最初に持ってきちゃうようなね。二番目にちょっと変な人で、最後に普通の人が出てくる。これが面白いんだよね（笑）。

いとう　すごいですよね。

宮沢　茂一さんからはそういうのを学んだと思う。

自意識と笑い

宮沢　あと気取ると笑えるね。なんで笑えるんだろうね。イイ声でも伊武（雅刀）さんと麒麟の川島（明）君では違うよね。
いとう　違うね。
宮沢　僕が伊武さんで面白かったのは、タクシー乗って帰る時に伊武さんちの近くで伊武さんがタクシーの運転手さんに大きな道へ出る方向を教えるんだけど、それがイイ声なんだよ。そこまでイイ声である必要ないじゃん（笑）。
いとう　道を教えてることと、声の調子が不釣り合いなんだろうね。それでおかしくなっちゃうんだね。
宮沢　事務的に運転手さんに言ってるだけなんだけど、笑っちゃうんだよなあ。
いとう　気取って笑わせるってあるじゃないですか。あれはなんでおかしいのかな。見透かして笑うってことなのかな？
宮沢　声がいい人でも……これ言ったら怒られるかもしれないけど、多くの声優がふざけるとそんなに面白くない。もちろんいい声優さんはいっぱいいるんだけど。

いとう　つまり、あざとい芝居っていうか、笑いがほしいから声を変えました、ってなっちゃうんですよね。**笑いのために声を変えるとあんま面白くないんだよね。**子どもは笑うかもしれないけど、そんなんじゃ笑えないよって思っちゃうっていうとこがあるじゃないですか。

宮沢　我々はね（笑）。

いとう　そう、我々は。声優の人が「こういう声だと笑うでしょ？」って思ってるであろう自意識を感じると、我々へそまがりはすぐに反発しちゃうからね。

宮沢　お客さんにおだてられる時があるじゃない。常に客はおだてるよって思ってる。でも、僕の芝居はお客さんが笑わないけどね（笑）。

いとう　だから、まくらがないから（笑）。

宮沢　俺が舞台で転べばいいのかな？

いとう　まず宮沢さんが出てきて、ちょっとした話をしてから「それではどうぞ」って、さっきの話とまったく関係ない芝居が始まれば、「おかしいな、あんな人が作ってるんだ」ってなるよ。ナカゴーとかは芝居の前に前説やるんだけど、それがおかしいのが、芝居のうまい、イイ声の人が出てきて、これからやる芝居の筋を全部言っちゃうの。

宮沢　（爆笑）

いとう　「私は肝心なところで死にますが、それでも驚かない○○さんは……」とか全部言っちゃって「それではお楽しみください」って始まるんですよ（笑）。これは物語で引っ張る気がないって宣言しちゃうってことでもあるんですよね。

図々しさと恥ずかしさ

宮沢　忘れる能力と同じようなことだけど、新鮮さを保つっていうのは難しいよね。演劇もそうだし、同じネタをやるお笑いの場合も、ほんとに凄い芸人さんは新鮮さを保っていられるでしょ。

いとう　そうなんですよねえ。やっぱり経験値なのかな。自分が笑いたい場合、新鮮なほうがおかしいってことは一番大事かも。自分が演者の時にそのシーンを面白いと思ってられるかどうかは、**新鮮にやると面白くなる**から。

宮沢　そうか、それで思い出したのは、僕は役者によく**「形をなぞるな」**って言うんだけど、最初に面白いことを言うと、我々はその時の面白かった記憶が残るじゃない。それをどうやって再現するかだと思うんだよね。**「喜びの再現」**って呼んでるんだけど。脳が喜ぶじゃない。誰でも再現できるはずなんだけどね。

いとう　形になっちゃうのは、自分の中の楽しみが主体じゃなくなるから。**形だけになったら、もう途端に客が見抜く**からね。

宮沢　僕が稽古場でやるっていうのは、リスクがないからでもあるんですよ。お客さんがいなくて、少人数の中でやってみせると、相手が五人ぐらいだから絶対に面白いという自信がつく。これをね、二百人、三百人の前でやるっていうことの恐ろしさ。ぞっとするよね。

いとう　客前でやって、自分も楽しむっていうのは、図抜けた図々しさが必要なのかも。

宮沢　そこに素人との差があるだろうな。

いとう　図々しいですもん、僕らは。だって舞台の中でお互いに笑わせ合ってるっていうところもあるじゃないですか、芸人は特に。お客のことは考えてるけど、まず**誰が一番得点を取って、そのシーンで勝てるか**っていう楽しみが遊びとしてあるんだよね。それは大事なのかもしれないですね。

宮沢　それ自体、凄い技術だと思う。

いとう　それが劇団の中でみんなで支え合っちゃうと、全部が地盤沈下してく。もちろん劇団の笑いをやらなきゃいけないんだけど、個人個人の自分たちの快感の得点みたいなものをどんだけ意識してるかで、ずいぶん違うと思うんですよね。

宮沢　そこで含羞、恥ずかしさみたいなこともテーマとしてよく語られてたけど、恥ずかしいんだと思うんだよ、みんな。でも、恥ずかしいことを知らないで出てる人を見てると、見てるこっちが恥ずかしいじゃん。ただ恥ずかしいんだったらなぜ出るの？　って疑問が常にあるわけだけど、それはね、止むに止まれぬ何かがあるんだよね。パフォーマーというのは。

いとう　確かにそう。恥ずかしい、意地汚いことをしに、舞台に出てるんですよ。いくら笑いなんてほしくないみたいな顔でかっこつけて出て行ってもさ、笑いがほしくてほしくてしょうがないんだもん（笑）。パンツ一丁で出てるみたいなもんなんですよね。それに対しては、あんまり図々しすぎると客が引くっていうのはありますね。少し含羞があると、やっぱ恥ずかしいんだってことで安心するっていうか。

宮沢　岩松（了）[7]さんが昔の東京乾電池みたいな馬鹿馬鹿しいことをやらなくなったことの一つに、友だちの芝居を観に行くと、友だちがいつもの友だちじゃなくなってるっていう（笑）。友だちが出鱈目な芝居やすごいシリアスなことをやったりしてると、恥ずかしくてうつむいちゃうって言うんだよ。そういうことは自分はやめたいってことがあったみたいなんだよね。笑

7　劇作家、演出家、俳優。一九八九年『蒲団と達磨』で岸田國士戯曲賞、二〇一八年『薄い桃色のかたまり』で第二十一回鶴屋南北戯曲賞受賞。

いの場合は全然飛距離が違うもんだけど、シリアスなものは特にそういう感じがあるじゃない。

いとう　みうら（じゅん）さんがいつも言うんですよ。「いとうさんの芝居を観に行きたいけど、いとうさんがいつもと違うから、恥ずかしいんだ」って（笑）。それは逆に、みうらさんはポテンシャルあるなって思ってて。いつか芝居やったら面白いんじゃないかと思ってんの。みうらさんは家に帰るとずいぶん芝居を練習するらしいんだよね、勝手に。

宮沢　（爆笑）

いとう　「俺、結構芝居がうまいんだ」ってみうらさんが俺に言うわけ。モノマネがうまいって言ってさ、『犬神家の一族』の佐清《スケキヨ》の「俺は静馬《シズマ》だ」とかやるんですよ。一緒に舞台に出てアドリブでしゃべってる時、ふと静馬《シズマ》のことを思い出して、「あれやってよ」て言うと、ものすごく新鮮に静馬《シズマ》をやるの。それはどういうことかと言うと、「俺は静馬《シズマ》だ」って言いかけてすぐにやめて、「違う、違う、違う！」って真剣にやるから、形じゃないんですよ（笑）。**どれだけ静馬《シズマ》に似てるかを僕に伝えたいっていう思い**で、みうらさんが真剣にやってるから、それを客が見たら七転八倒の面白さなんですよ。本人は気づいてないけど。そこなんですよね、自分が伝えたいことがあるとか、ここで静馬《シズマ》の声が出ると気持ちいいってことが優先しちゃって、**図々しさが後ろにいっちゃう瞬間**がなんともチャーミングっていう。

宮沢　それはみうらさんだからこそだよね。さっきから言ってる特別なものを持ってて。

いとう　ふざけるだろうってこともわかってるし。でも、静馬《シズマ》をやってる時は真剣だし（笑）。なんでそんな真剣なんだろって思うぐらい何回もやり直すからね。

宮沢　それは観たいなあ。

いとう　五回に一回ぐらいはものすごく似てるんですよ（笑）。

宮沢　新鮮さを保つっていうのは役者の役割だけど、演出が役者に新鮮さを保たせるために変なことを仕掛けたりするのは面白くないじゃない。突然、床に穴が空いたりとか。それはビックリショーですからね（笑）。

いとう　それは面白くない。役者の力で新鮮にやる。簡単に言えば、**本当に今それが起きてるようにやってくれ**っていう。それは自然主義リアリズムみたいなものなんだけど。小説の場合は自然主義リアリズムで書いてったら、本当にあったことかと錯覚するじゃない。でも、**芝居の場合は絶対にそれは本当のことじゃないってはっきりとわかってる**よね。だって、自分の前でしかやってないし、照明の中でしかやってないし、普段着てないであろう服を着てやってるからさ。だからこそリアルにやる時に快感が生じる。あれが面白いんだよね。

笑いの現在地

いとう　シティボーイズライブで結構長い巡業があって、明らかにこれはやってて飽きるなっていうのはわかってた時があって。いつも（中村）ゆうじさんが本番の直前に「きょうは大アチャラカ大会！」「きょうはド新劇！」とか発表するんですよ。全員が舞台に出ていくと、セリフも同じだし、いつものように笑いも取ってるんだけど、若干、ゆうじさんが新劇っぽい発声とかしてると、こっちもカッチリとした芝居をやるんですよね。で、アチャラカな時はふざけた感じの芝居になる。それはホントに飽きなかった。毎日テーマが発表されるから、自分のポケットから次々と技術を出していく。でも、まったくその技術をやる気がないのが斉木さんで（笑）。テーマを聞いてたはずなのに、斉木さんだけなんにも芝居が変わらない（笑）。

宮沢　（爆笑）

いとう　それはすごい面白かったですね。それは**微妙な差異をお互いに楽しみ合う**から、逆に「このセリフ、こんなふうにも言えるんだ」って芝居中に思ったりもするんですよね。自分もそれに呼応して出てくる言葉が面白くなってたりして。それはとってもいいやり方だなと思って。それはもちろん、アチャラカも新劇もわかってないといけないんだけど。

宮沢　そういう時って、声の出し方だけじゃなくて、体の使い方も変わってくるでしょ？

いとう　そうです、そうです。例えば、ゆうじさんが座ってて驚くとすると、その日は「ドヒャー！」って声上げたり（笑）。

宮沢　（笑）

いとう　あ、ここがアチャラカなんだ！って。体もいつもよりニョロニョロさせてずっこけるみたいな。それでこっちもキターッ！　って思うわけだよね。

宮沢　桜井圭介君[8]が言ってるように、ダンスというのはある地点からある地点まで行くのに普通に歩いて行けばいけるものを余計なことをする行為であるっていう。

いとう　寄り道ってことね。

宮沢　そういうことは笑いでも同じようなことだと思うんだけどね。

いとう　笑いは特にそうじゃないですか。実は内容や筋にたいして意味はないんだもん。どういうふうに変なことが起こるかってこと。この変なことに

8　音楽家、ダンス批評家。「吾妻橋ダンスクロッシング」オーガナイザー。遊園地再生事業団の音楽を担当。

どれだけ手を尽くしてお客を飽きさせないかってことしか、言ってみたら考えてない。

宮沢 それは新劇とかリアリズム演劇的な演技術も笑いにはもちろんあるんだけど、新劇の場合は一貫した人物像で演じてるけど、コントってその都度変わってもいいじゃない。さっき真面目に言ってたのに、次はふざけててもいい。

いとう だから、僕はもうシティボーイズとしかやってないから、一切真面目な芝居ができない。次のシーンになったら、ちょっと年取ってたりとか、杖をついて歩き出した途端に年って平気で取っちゃうんですよね。それは僕が芝居の基礎ができてないってホントに思っちゃう。やっぱコント出身なんだなって激しく感じる。

宮沢 僕の対談でも原稿で書き足したんだけど、小林信彦さんが触れなかった笑いっていうのがある。その中の一つで非常に代表的なのはやっぱりタモリさんだと思う。これは**道化とそうじゃないもの**。これは時代だと思うんだよね。小林さんが道化的なものを好きだったというのは基本的にあるかもしれないけど、一九七二年は『日本の喜劇人』が出た年で、一九七五年には山口昌男[9]の道化の本が出てる。その背景にあるのは構造主義じゃないですか。それが**八〇年代になって、もう一つ別の笑いが**

9 文化人類学者。一九七五年にバスター・キートンなどを論じた『道化的世界』を発表。

出てきた。それがタモリさんであり、いとう君であり。それはもう一つ別の新しい笑いって気がしていて。

いとう　まず笑われようって感じの笑いじゃないってことですよね。

宮沢　それは大きいよね。

いとう　山口昌男的に中心と周縁[10]で言えば、タモリさんは意外に周縁でもないっていう。確かに、タモリさんって周縁から出てきてるから、カルチャーって意味ではそうなんだけど、特にあの人の場合は『笑っていいとも!』で中心になっちゃったんだよね。それは割り切れないよ、中心と周縁理論では。芸能界のドン的な状態というか、天皇みたいな状態じゃない。あまり交流しないからこそ、あそこに集まるっていうか。

宮沢　だから、『笑っていいとも!』しか知らないと圧倒的に偉い人。でもほんとは毒に充ちてるよね。

いとう　(ビート)たけしさんはずっと周縁に行こうと常にしているタイプだから、いまだにふざけた格好をしないと気が済まないでしょ。

宮沢　下降するか上昇するかっていうのがあるんだけど。下降で一番代表的なのは小沢昭一[11]さんだと思うんだよ。新劇出身でかなり知的なところから出てきて、だけど日本の芸能の最下方へどんどん行くっていう。あの人のしゃべりはめちゃくちゃ面白かったしね。

10　山口昌男による文化研究の分析概念。

11　俳優。川島雄三、今村昌平作品で数々の怪演を残したほか、TBSラジオ『小沢昭一の小沢昭一的こころ』は一九七三年の放送開始から二〇一二年に亡くなる直前まで続いた。日本の芸能史の研究家としても知られ、その成果は「日本の放浪芸」シリーズとしてCDにまとめられている。

いとう　それこそ、一人芝居に入る前にまくらみたいなのがあって、時事ネタとか平気でぶっこんできて面白かったですよ。それで、**すっと自分の一人芝居に入っていく。**全国まわるから、自分にとっても飽きないとか、客とどういう間合いで行くかの目配せだったのかもしれない。タモリさんに関しては、エスタブリッシュメントのほうに行くっていっても、タモリさん自身はそんなつもりで行ってるわけじゃないから。ただ、周りがそうしようとするのをいちいち止めてまで下がるのもめんどくさいっていう感じでしょ。それは俺もすごいわかるもん。

宮沢　それはだから、出てきた場所が違うってこともあるじゃない。芸人の人たちの非常に混沌としたところから出てきたたけしさんと、ちょっと種類の違うところから出てきたタモリさん。

いとう　たけしさんとタモリさんは出自が全然違うもんね。

宮沢　その系譜で行くと、タモリさん、いとう君、バカリズムだと思うんだけど。だから、この本にバカリズム君が出てくるっていうのはものすごい必然だと思って。僕はずいぶん前から表を作ってたんだよ（と、表を見せる）。例えば、由利徹とトニー谷[12]。由利徹のほうは**道化的**とかね、比較していくわけですよ。いとう君の世代だと、いとう君と竹中（直人）とか。そこの項目のタイトルには「**知人**」って書いてある（笑）。

12　ヴォードビリアン。そろばんを使った芸と英語を交えた「トニングリッシュ」で人気を博す。その毒舌キャラクターは赤塚不二夫の『おそ松くん』のキャラクター・イヤミのモデルといわれている。「さいざんすマンボ」などのヒット曲を収録した一九八七年に発売された大瀧詠一プロデュースによるアルバム『ジス・イズ・ミスター・トニー谷』のヒットにより、リバイバルブームも起こった。

いとう　「知人」はわかりやすいね（笑）。

宮沢　最近の人はバカリズム。もう一方の道化側が誰なんだろうと考えてた時に、テレビでブラマヨ（ブラックマヨネーズ）がゲストを呼んで熱い語りをする番組[13]をやってて。まさにバカリズム君が出てきて、自分の笑いはどういうものかを語る。そこで語ってたのが、笑いに対して考えてることが非常にコンセプチュアルだった。そしたらブラマヨの吉田（敬）君が「なんも考えてへん」って言ったっていう（笑）。

いとう　でも、ブラマヨの吉田君の面白さってあるじゃない。**あ、ここにいた！って感じ**を受けたんだよね。

宮沢　なんにせよ、バカリズム君は、タモリさんやいとう君の系譜だよね。

いとう　バカリズムが不思議なのは、福岡出身で、野球部出身でものすごいツッパリだったんですよ。たまに話を聞くと、毎日が殴り合いみたいな中にいて、東京に行けばもう殴り合わないで済むと思って東京に来たって言うんですよ（笑）。それなのになんであんなに知的なんだかが、まったくわからない。

宮沢　それは不思議だねえ。

いとう　人を見たら殴るみたいなところで生き抜いてきて（笑）。今でもたまに本番前で座ってると、やたらと自分のももを叩いて鍛えてるんだよね。

13　『ブラマヨとゆかいな仲間たち アッアッっ！』二〇一一年〜二〇一六年にテレビ朝日系で放送されたブラックマヨネーズ司会によるトーク番組。

ちょっと怖いもん。

宮沢　僕の父親が死んでお通夜があった時に、うちの父親は大工の棟梁だったからお弟子さんたちがみんなかけつけてくれて。そこに早稲田から教授も何人か来たんだよね。そこでお弟子さんと教授の話がまったくかみ合わないのが面白くてしょうがない（笑）、その状況が。だけど僕は、どっちの言葉もわかる。僕自身、これは自分の中の多様性だと思ってるんだけど、バカリズム君のその話はちょっと理解できない（笑）。

いとう　バカリズムにその教授の部分があったのかなかったのかがさっぱりわからなくて。それがダウンタウンとかウッチャンナンチャンとか新しい世代のクールな笑わせ方を考えていった人の笑いに刺激されて、急に知恵熱が出て、ああなっちゃったのかもしんない。不思議なんですよね、あいつは。

宮沢　表にまとめた僕の理論だと、**要するに上半身か下半身かみたいな話**ですよ。バカリズム君のライブを倉本君に誘われて行ったら、教壇があってそこから一切動かないのね。下半身をまったく見せない。それは興味深かったなあ。

いとう　今で言うと、バカリズムがいて、他だとオードリーの若林（正恭）君が圧倒的に面白い。クールで慇懃無礼っていうか、人を馬鹿野郎とかっていうわけでもなく素人をいじって貶めるでもなく、すごく理解してあげる。

けど突き放すみたいな、クール系が出てきてくれてすごく嬉しいですよね。

宮沢　今、関西弁っていうのが結構笑いの中で、支配的なところがあるじゃない。これはいつまで続くのかなっていうようなことは考えるよね。笑い＝関西弁っていうのはいつまでも続くものでもない。そういうのは東京にいる人間としては考えるところですね。エッセイをさ、関西弁で書けばいいってもんじゃないでしょ。

いとう　そりゃそうですね（笑）。

宮沢　エッセイはいかにもっともらしい顔して嘘つくかっていうね。

いとう　距離感の問題でしょ。距離感が出たほうが随筆は面白いから。方言だと自分の気持ちに寄り添っちゃってるように見えちゃうんだよね。こないだ、さくらももこ[14]に関する短い文章を書かなくちゃいけなくて、書いたんだけど、やっぱりさくらの面白さって『ちびまる子ちゃん』もエッセイもそうだけど、「なんとかなのであった」っていう言い回しで、ものすごい距離が遠いところからまる子を見ている。あの人は落語が好きだったんだけど、それはすごく関係あるなと思ってて。あまり入り込み過ぎないというか、「まったく馬鹿馬鹿しい話でございまして」みたいに突き放せるっていう。あの距離感がすごく気持ちいいんだよね。というわけで、結構話したけど、笑いについて、もう言い残

14　漫画家、エッセイスト。自身の少女時代をモデルにした漫画『ちびまる子ちゃん』の大ヒットにより、一躍国民的漫画家に。いとう周辺は早くからさくらに注目し、「子ども界の向田邦子」と評した。『ものかんづめ』をはじめとする数々のエッセイもベストセラーとなった。二〇一八年八月に五十三歳の若さで逝去。

したことはないですか？

宮沢　すべて語り尽くしました。

いとう　ホントかなあ（笑）。

ゆるい切り口上

さてちょうど時間となりました。

きっちりと笑いの種類を数えるはずが、単なる笑わせあいになってしまった部分も多々ありますが、それはこの笑いという現象を語る上で、いたしかたないことかもしれないと今は考えております。

笑いのない場所で笑いは語れない。この特徴は量子力学で量子の位置と速度が同時には測れないのに似ているように思います。観察することの参加性が、必ず対象を変化させてやまないように、もし笑いのない言葉でそれを語れば、笑いの客観性まで見失ってしまうというような。

ともかく、話しあいたい方々とは「ほぼほぼ」言葉を交わすことが出来ました。本当はこうした対話のあとで、一人きりになって余韻を味わいつつ、今度こそちゃんと笑いの数を数えるべきなのかもしれません。

ただし、それを私がやるべきかどうかは別の話で、読み終えた貴方こそが世界における笑いの統一理論（しかもハーバート・スペンサー以降の）を打ち立てる可能性、および責任を持っているとも言えるのであります。少なくともこの対話の中で私が指摘しそこなった部分を、貴方が数え直すことがどれだけ有益なことか。

なぜなら、笑いがなければ矛盾は超越出来ないからです。そうであればごく単純に、人類は争いの絶えない日々だけを過ごしてきたし、これからも過ごしていかねばならなくなる。そいつは地獄です。しかも笑えない地獄。

ということで、およそ一年半かけて下北沢B＆Bで公開対談を重ねてきた私、そして笑いの数を数えきるという途方もない目標のもとに集まって下さったお相手、さらに観客の皆さんとは今後も理論修正のための対話があり、もっとおかしな話しあいが必要になるでしょう。笑いの数を数え直すために。

その行為それ自体が、人類の厳しい現実を和らげる尊い行いである以上、私たちはそれをやめることが出来ない。

まだまだ笑いの数を数えましょう。

それがどこであれ、笑いをともないながら。

いつも原稿をまとめてくれたモリタタダシ君、そして様々なアドバイスをくれた講談社の見田葉子さん、北村文乃さん、堀沢加奈さん、『群像』編集長・佐藤辰宣さん、どうもありがとうございます。ここに軽い感謝を捧げます。ども。

二〇一九年一月

いとうせいこう

初出

「群像」連続対談「今夜、笑いの数を数えましょう」

第一夜　倉本美津留　二〇一七年八月号

第二夜　ケラリーノ・サンドロヴィッチ　二〇一七年一〇月号

第三夜　バカリズム　二〇一八年二月号

第四夜　枡野浩一　二〇一八年四月号

第五夜　宮沢章夫　二〇一八年七月号

第六夜　きたろう　二〇一八年一一月号

エピローグ　宮沢章夫　語り下ろし

構成・註　モリタタダシ

いとうせいこう

作家、クリエイター。1961年生まれ。音楽、舞台、テレビなど様々な分野で活躍。1988年、小説『ノーライフキング』で作家デビュー。1999年、『ボタニカル・ライフ』で講談社エッセイ賞を受賞。2013年、『想像ラジオ』が三島由紀夫賞、芥川龍之介賞の候補となり、野間文芸新人賞を受賞。

装幀　川名 潤
装画　高橋将貴
写真　森 清

今夜《こんや》、笑《わら》いの数《かず》を数《かぞ》えましょう

2019年 2 月26日　第 1 刷発行

著者　いとうせいこう

発行者　渡瀬昌彦
発行所　株式会社　講談社
〒112-8001
東京都文京区音羽2-12-21
電話　出版　03-5395-3504
販売　03-5395-5817
業務　03-5395-3615

印刷所　凸版印刷株式会社
製本所　大口製本印刷株式会社

ISBN 978-4-06-514725-2